CON GRIN SU CONOCIMIENTOS VALEN MAS

AF151458

- Publicamos su trabajo académico, tesis y tesina

- Su propio eBook y libro - en todos los comercios importantes del mundo

- Cada venta le sale rentable

Ahora suba en www.GRIN.com y publique gratis

Tatiana Pelegrin Bruzón, Osmany Aguilera Almaguer (Editor)

¿Cómo favorecer el Proceso de Enseñanza Aprendizaje en la Educación Primaria?

Softareas para favorecer el Proceso de Enseñanza Aprendizaje en la escuela primaria

GRIN Verlag

Bibliografische Information der Deutschen Nationalbibliothek:

Die Deutsche Bibliothek verzeichnet diese Publikation in der Deutschen National-
bibliografie; detaillierte bibliografische Daten sind im Internet über http://dnb.d-
nb.de/ abrufbar.

Dieses Werk sowie alle darin enthaltenen einzelnen Beiträge und Abbildungen
sind urheberrechtlich geschützt. Jede Verwertung, die nicht ausdrücklich vom
Urheberrechtsschutz zugelassen ist, bedarf der vorherigen Zustimmung des Verla-
ges. Das gilt insbesondere für Vervielfältigungen, Bearbeitungen, Übersetzungen,
Mikroverfilmungen, Auswertungen durch Datenbanken und für die Einspeicherung
und Verarbeitung in elektronische Systeme. Alle Rechte, auch die des auszugsweisen
Nachdrucks, der fotomechanischen Wiedergabe (einschließlich Mikrokopie) sowie
der Auswertung durch Datenbanken oder ähnliche Einrichtungen, vorbehalten.

Imprint:

Copyright © 2013 GRIN Verlag GmbH
Druck und Bindung: Books on Demand GmbH, Norderstedt Germany
ISBN: 978-3-656-47227-8

This book at GRIN:

http://www.grin.com/es/e-book/230742/como-favorecer-el-proceso-de-ensenanza-
aprendizaje-en-la-educacion-primaria

GRIN - Your knowledge has value

Der GRIN Verlag publiziert seit 1998 wissenschaftliche Arbeiten von Studenten, Hochschullehrern und anderen Akademikern als eBook und gedrucktes Buch. Die Verlagswebsite www.grin.com ist die ideale Plattform zur Veröffentlichung von Hausarbeiten, Abschlussarbeiten, wissenschaftlichen Aufsätzen, Dissertationen und Fachbüchern.

Visit us on the internet:

http://www.grin.com/

http://www.facebook.com/grincom

http://www.twitter.com/grin_com

UNIVERSIDAD DE CIENCIAS PEDAGÓGICAS
JOSÉ DE LA LUZ Y CABALLERO
HOLGUÍN, CUBA
FILIAL PEDAGÓGICA MUNICIPIO, CACOCUM

TRABAJO FINAL PRESENTADO EN OPCIÓN AL TÍTULO ACADÉMICO DE
MÁSTER EN CIENCIAS DE LA EDUCACIÓN PRIMARIA
MENCIÓN EN EDUCACIÓN PRIMARIA

SOFTAREAS PARA FAVORECER EL PROCESO DE ENSEÑANZA
APRENDIZAJE EN LA ESCUELA PRIMARIA.

TIPO DE TRABAJO FINAL: MATERIAL DOCENTE

TATIANA PELEGRIN BRUZÓN

Cacocum, 2012.

PENSAMIENTO

"La enseñanza por medio de impresiones en los sentidos es la más fácil, menos trabajosa y más agradable para los niños, a quienes deben hacérseles llegar los conocimientos por un sistema que a la vez concilie la variedad, para que no se fatigue su atención y la amenidad, para hacer que se aficionen a sus tareas".

José Martí Pérez

AGRADECIMIENTOS

Agradecer es una virtud del ser humano, es una tierna caricia que regocija el alma. Es por ello que extiendo mi gratitud a:

Los maestros mayores: FIDEL, MARTÍ; por heredarnos valores que enaltecen la sociedad cubana, de los cuales nos sentimos orgullosos y que jamás traicionaremos.

A mi tutora MSc Yanexis Figueroa Fonseca quien con pasos firmes, sabiduría y esmero supo guiar a esta discípula.

A mi consultante MSc María Victoria Calzadilla por su ayuda desinteresada.

A mis compañeros de trabajo, amistades de infinito valor y a mi familia, que han enaltecido mi espíritu con su incondicionalidad ante mis necesidades.

DEDICATORIA

A mis padres

Por darme la vida y los principios necesarios para vivirla.

A mis compañeros de trabajo

Por el incondicional apoyo y el aliento espiritual brindado.

A mis hijos

Que son la fuente de mi inspiración.

A toda mi familia

Por la confianza y seguridad que transmite la unidad que profesamos.

A la Revolución

Que me ha brindado la posibilidad de mi desarrollo profesional.

SÍNTESIS

En la investigación se aborda un problema presentado en la práctica pedagógica sobre cómo favorecer la elaboración de softareas para su uso en el proceso de enseñanza aprendizaje, donde se toma como contenido los ejercicios básicos de adición y sustracción con sobrepaso en la escuela primaria Carlos Manuel de Céspedes, del municipio Cacocum. Para ello se proporciona un material docente que contiene Softareas. Las mismas están encaminadas, desde un punto de vista informático, a la motivación y asociación de los contenidos de computación lo que permitirá al docente un enfoque novedoso, sostenido en la basta y certera información que aporta el software educativo.

La aplicación de estas softareas en la práctica pedagógica, potencia la motivación del escolar y del docente en el proceso de enseñanza-aprendizaje de las diferentes asignaturas, al elevar con resultados positivos, los índices de apropiación de conocimientos en tal sentido.

Este trabajo es el resultado del empleo de métodos de investigación del nivel teórico y del empírico como el histórico lógico, el análisis síntesis, la encuesta, la observación, la entrevista y la experimentación sobre el terreno.

La validez de su puesta en práctica se corroboró mediante la experimentación sobre el terreno en el curso 2010-2011. Los resultados obtenidos confirman el valor didáctico de la propuesta elaborada, a partir de la asignatura computación.

INDICE

INTRODUCCIÓN

El trabajo del maestro por su importancia y repercusión social constituye, la base fundamental de la manifestación de la conciencia social pues el educador debe proyectarse como individuo de la comunidad a la cual pertenece con un nivel de conocimiento, pero al mismo tiempo con un nivel de proyección que le permita llegar de forma eficiente a los escolares.

Al respecto José de la Luz y Caballero al referirse al trabajo del maestro expresó..."Instruir puede cualquiera educar solo quien sea un evangelio vivo". (1)

En esta síntesis el autor hace referencia a la personalidad del maestro como fuerza motriz principal, para instruir, educar y lograr en el educando la formación del individuo que necesita nuestra sociedad.

Nuestra educación, fundamentada en la misión histórica y los intereses de la clase obrera, tiene como fin formar las nuevas generaciones y a todo el pueblo en la concepción científica del mundo, es decir, la del materialismo dialéctico e histórico.

Desarrollar plenamente las capacidades intelectuales físicas y espirituales del individuo y fomentar en él elevados sentimientos humanos y gustos estéticos, convertir los principios ideológicos, políticos y de la moral comunista en convicciones personales y hábitos de conducta diaria formar en resumen, un hombre libre y culto, apto para vivir y participar activa y conscientemente en la edificación del socialismo y del comunismo.

Elevar la eficiencia del proceso docente educativo es una de las razones esenciales de los esfuerzos que se realizan por el perfeccionamiento del sistema educacional. La preparación que se brinda en nuestras escuelas debe corresponder al desarrollo que ha hecho posible una necesidad admitida por todos: la instrucción permanente, no debemos olvidar que las tecnologías de la informática y las comunicaciones están produciendo transformaciones en la sociedad. Ella permite el acceso inmediato a la información. No se puede entender al mundo de hoy sin un mínimo de cultura informática, se deben usar para aprender cualquier materia o adquirir habilidades. La creación de la cultura informática desde edades tempranas es crucial pues las posibilidades de explotar las ventajas que ofrecen las técnicas informáticas aumentan mientras más

1

temprano se conocen, al ser interiorizado como un elemento más, integrando a todos a la realidad. En esta etapa es en la que resulta más efectivo el aprendizaje. Es por lo antes expuesto que dentro del proceso docente educativo se presta mayor atención a las individualidades para liberar sentimientos, emociones y tensiones del niño que le faciliten su camino hacia la adultez. La pedagogía cubana plantea que la gran función de la escuela no es sólo dotar a la nueva generación de profundos conocimientos científicos y formar su concepción del mundo, sino también prepararlos para el trabajo. Desarrollar en cada uno la curiosidad, el amor hacia el saber, el ansia de conocer, el interés por la actividad cognoscitiva, estimular la actividad mental viva y fecunda. De ahí la importancia de hacer un uso adecuado, activo y creador de la computadora en el proceso de aprendizaje. Lo más importante es entender para qué y por qué se está haciendo. El escolar debe llegar a confiar en él y en sus conocimientos. Es por ello que la computadora en el proceso de aprendizaje es un medio novedoso, con ella el escolar es capaz de controlar sus conocimientos y llegar a descubrir que él puede aprender por sí mismo y a la vez identificarse con su trabajo, por eso se debe estimular para que no pierda curiosidad e interés por el auténtico saber, pues aprendiendo cosas encuentra un enorme placer de manera natural, su actividad se ve multiplicada y trata de saber más. Esto incrementa el placer por su propio aprendizaje.

Por otro lado en el mundo actual se observan tendencias en la utilización de la computadora: No todos los países tienen una política de estrategia plasmada en un programa nacional que incluya las escuelas no universitarias. Los países introducen las nuevas tecnologías informáticas como objeto de estudio de sus sistemas educativos y los que no lo han hecho realizan estudios para su introducción. Los países en desarrollo, muy pocos, han podido concebir un plan de introducción de la computación en el sistema nacional de enseñanza, al no disponer de los recursos financieros para la adquisición del equipamiento y no contar con la preparación del personal docente. El centro del análisis hoy no es precisamente, en qué enseñar, sino cómo enseñar.

En consonancia con ello y con el esfuerzo de nuestro país de formar un hombre nuevo, capaz de responder a las necesidades de la sociedad socialista, ha hecho posible introducir la computación en la enseñanza primaria, primero de forma experimental y hoy como una exigencia y prioridad de nuestro sistema de educación. El ministerio de educación se ha planteado una política informática que tenga la posibilidad de ajustarse y modificarse según el avance de las tecnologías, el desarrollo de la sociedad cubana y el contexto de su uso, demostrándose la vigencia en nuestro accionar de las ideas de José Martí cuando expresó. "Las escuelas deben convertirse en casas de razón, donde con guía juiciosa se habitúe al niño a desenvolver su propio pensamiento, y se le muestre en relación ordenada, los objetos e ideas, para que se deduzcan así las nociones directas y armónicas que le dejen enriquecido con sus datos, además que fortificado con el ejercicio y el gusto de haberlos descubiertos". (2).

El autor además de considerar válida esta reflexión desea destacar que el uso de la computadora como herramienta de trabajo es un aporte esencial que permite cumplir con ella, hoy es un hecho real, la computación ha escalado lugares cimeros en la educación como parte del perfeccionamiento continuo, en cada nuevo curso escolar se proponen nuevas exigencias y transformaciones. Ante los profesionales está la tarea de investigar de qué forma debe organizarse la enseñanza para que se logre el objetivo planteado. En el sexto seminario nacional para educadores, de noviembre del 2005, se plantean las líneas de investigación para el uso y desarrollo de las técnicas de la informática y las comunicaciones.

Por su parte en Cuba donde el gobierno ha establecido una indicación oficial para introducir de manera progresiva el software, se lleva a cabo la Tercera Revolución Educacional. La presencia de computadoras en las aulas de las instituciones escolares de todo tipo se ha convertido en un hecho común haciendo más efectivo su uso, con el objetivo de elevar a planos superiores la calidad del proceso docente educativo en las escuelas.

Es aquí donde aparecen las contradicciones que conducen a determinar la necesidad de investigar: existe la teoría, el programa, la metodología y las normas, pero la realidad objetiva y práctica refleja que la educación no es completamente desarrolladora pues no se da al empleo de las nuevas técnicas de la información, la importancia que reviste dentro del contenido general que se exige en la actualidad para el logro del aprendizaje y la formación integral del escolar primario así como su inserción en la sociedad informatizada.

Los materiales de multimedia que se utilizan en las computadoras presentan contenidos con imagen, sonido, textos, gráficos y son considerados como medios de enseñanza que constituyen fuentes del conocimiento, imprescindibles en el proceso educativo y son excelentes elementos probatorios para que el escolar acceda al aprendizaje.

Se ha comprobado que la práctica pedagógica cotidiana, en muchos de los casos, no se logra organizar adecuadamente el proceso y se aleja de tener que utilizar en clases y como softareas, el contenido de los softwares educativos. Unas veces por falta de tiempo, otras por carencia de motivación y en algunos casos por considerar los medios convencionales como insustituibles para el desarrollo de la docencia. Estas condiciones han influido directamente en el aprendizaje por el escaso uso de estos excelentes medios para interactuar con software educativos y realizar softareas. Por estos elementos se decide incluir esta problemática en el banco de problemas de la escuela para contribuir a solucionarla a través de la investigación.

Los resultados de este proceso muestran logros poco significativos, lo que trae aparejado que los escolares presenten dificultades en la realización de softareas. En la práctica educativa se constata que muestran mayor interés por aprender a interactuar con el software y no a realizar softareas.

Estas valoraciones hicieron posible que se efectuara un estudio detallado de la situación real para la realización de las mismas y la preparación de los docentes para el tratamiento a este componente.

Los resultados obtenidos en este sentido orientaron hacia insuficiencias en la dirección del proceso enseñanza-aprendizaje.

Al aplicar diferentes instrumentos como la observación, encuestas, entrevistas, y revisión de libretas se pudo constatar que los docentes requieren mayor dominio de los contenidos que aparecen en los softwares educativos. No emplean las softareas derivadas de los mismos sin la exigencia oportuna de los directivos. En el caso de los escolares les interesa y atrae el tema del trabajo con los softwares, pero alegan en su mayoría, que no se les orienta con sistematicidad ese tipo de tareas.

De esos medios el más utilizado para la asignatura en cuestión es la Feria de las Matemáticas y por él sienten mayor motivación los docentes y los escolares.

Estas evidencias empíricas detectadas en la escuela Carlos Manuel de Céspedes, arrojan las **insuficiencias** siguientes:

Docentes

1- Los docentes poseen pocos conocimientos sobre la estructura de una softarea.

2- Es insuficiente el dominio que poseen sobre los programas informáticos que deben vincular con la softarea en el grado. (Paint)

3- Insuficiente conocimiento sobre como orientar la softarea.

Escolares

1-Insuficientes conocimientos sobre el contenido que presentan los softwares educativos, lo que incide en el aprendizaje.

2- Pocas habilidades por el uso de las softareas.

3- Escaso dominio del programa informático correspondiente al segundo grado (Paint).

Lo expresado anteriormente permite apreciar la situación existente entre el estado inicial del proceso de enseñanza-aprendizaje mediante el desarrollo de softareas. Estas limitaciones, evidencian la contradicción existente entre el desarrollo alcanzado por los escolares y las nuevas exigencias que plantea la sociedad, para cumplir con el Modelo de la Escuela Primaria actual, lo que conduce a la existencia de un **problema docente metodológico**:

Insuficiente preparación de los docentes para la elaboración de softareas que favorezcan el proceso de enseñanza-aprendizaje en la escuela primaria Carlos Manuel de Céspedes.

De acuerdo con lo expresado se plantea como **objetivo** de investigación:

Elaboración de softareas para favorecer el proceso de enseñanza-aprendizaje en la escuela primaria Carlos Manuel de Céspedes.

Para dar solución al problema se proponen las **tareas** siguientes:

1- Analizar los fundamentos teóricos y metodológicos sobre el tratamiento de las softareas.

2- Diagnosticar el estado actual del uso de las softareas en el proceso de enseñanza-aprendizaje de la escuela Carlos Manuel de Céspedes.

3- Elaborar softareas para favorecer el proceso de enseñanza-aprendizaje en la escuela Carlos Manuel de Céspedes.

4-Valorar los resultados obtenidos a partir de la puesta en práctica de la propuesta de softareas.

Para el desarrollo de esta investigación se utilizaron métodos teóricos y empíricos.

Del Nivel **Teórico**.

Analítico-sintético: permitió el análisis e integración de la información obtenida mediante la búsqueda documental y bibliográfica, facilitando la elaboración de los fundamento teóricos-metodológicos de la investigación, así como la interpretación y sintetización de los datos empíricos como resultado de los instrumentos aplicados.

Histórico-lógico: se utilizó en el estudio de los antecedentes del problema, de las dificultades existentes en el proceso educativo.

Análisis de documentos: Posibilita obtener y analizar la información de variados documentos como planes de estudio, programas, orientaciones metodológicas y libretas.

Del Nivel **Empírico**.

Observación: se aplicó para diagnosticar y comprobar el estado de los conocimientos de las softareas relacionado con el contenido de computación.

Entrevista: Se empleó con el objetivo de estudiar con profundidad la preparación, puntos de vistas, criterios que poseen los maestros y escolares.

Encuesta a escolares: con el objetivo de diagnosticar y comprobar los conocimientos que poseen los escolares para realizar softareas.

Encuesta a especialistas: se aplicó con el objetivo de conocer sus opiniones acerca de los conocimientos en los escolares en el trabajo con los softwares educativos y softareas.

Comprobaciones de conocimientos: Se aplicaron a escolares para recoger información sobre el estado del proceso. Se aplicaron antes y después de la implementación de las softareas.

Experimentación sobre el terreno: constituyó el método fundamental de la investigación, permitió realizar la descripción de los resultados alcanzados en la constatación inicial y comprobar la efectividad del material docente mediante el tránsito por sus etapas, al permitir describir el nivel de transformación alcanzada en los docentes y su impacto en los escolares como resultado de la constatación final de las evidencias empíricas.

Talleres metodológicos: para validar la factibilidad de la propuesta y su puesta en práctica en el contexto escolar.

Aporte práctico:

El aporte práctico lo constituye las softareas para favorecer la preparación de los maestros en la dirección del proceso de enseñanza aprendizaje.

Población y muestra:

Docentes

Se seleccionaron 3 maestros, 1 metodólogo, 1 director y 1 jefe de ciclo.

Escolares

Para la investigación se escogieron 12 escolares de segundo grado de la escuela primaria Carlos Manuel de Céspedes.

EL trabajo se estructuró de la siguiente forma:

Introducción

En el epígrafe 1: En este epígrafe se ofrece lo relacionado con la computación en los centros educacionales. Los softwares educativos y las softareas en el proceso de enseñanza aprendizaje. Algunos apuntes sobre la aplicación Paint y las concepciones sobre la softarea docente.

En el epígrafe 2: Este epígrafe ofrece una propuesta de softareas para favorecer el proceso de enseñanza aprendizaje mediante el empleo de los Softwares Educativos para la solución de las mismas. Indicaciones al docente. Conclusiones y bibliografía de las softareas.

En el epígrafe 3: Se sintetizan los principales resultados obtenidos en la

7

constatación inicial y final a partir de la experimentación sobre el terreno como método fundamental de la investigación. En él se exponen las acciones desarrolladas en cada etapa del método y se describe la situación inicial en cuanto a la aplicación de softareas en los escolares de segundo grado y la preparación de los docentes, mediante talleres metodológicos, para su tratamiento en la dirección del proceso de enseñanza, así como su transformación luego de haber sido aplicadas las mismas.

Conclusiones.

Recomendaciones.

Referencias bibliográficas.

Bibliografía.

Anexos.

EPÍGRAFE #1 FUNDAMENTACIÓN TEÓRICA Y METODOLÓGICA DE LAS CONCEPCIONES QUE SUSTENTAN EL EMPLEO DE LAS SOFTAREAS EN EL PROCESO DE ENSEÑANZA APRENDIZAJE.

En este epígrafe se ofrece lo relacionado con la computación en los centros educacionales. Los softwares educativo y las softareas en el proceso de enseñanza aprendizaje. Algunos apuntes sobre la aplicación Paint. Y las concepciones sobre la softarea docente.

1.1 La computación en los centros educacionales.

Las tecnologías de la información y las comunicaciones han jugado un rol histórico en el desarrollo de la humanidad, constituyendo la ciencia que tiene como objeto de estudio el procesamiento automatizado de la información utilizando las computadoras que tienen un uso cada vez mayor. Tanta es la información actual digitalizada en todo el mundo y los procesos automatizados asociados a ella, que estamos en presencia de un "universo o sociedad digital", de una "sociedad de la información", o preferiblemente en el contexto educativo de una "sociedad del conocimiento".

En consecuencia nuestro país se esfuerza por aplicar la informática educativa en el sistema de educación, asumiendo que esta es una rama de la pedagogía cuyo objeto de estudio son las aplicaciones de las tecnologías informáticas en el proceso docente educativo. Se trabaja en dos direcciones principales: como objeto de estudio para garantizar la formación informática de todos los niños y jóvenes sin excepción y como medio de enseñanza para potenciar el aprendizaje y contribuir a la formación de una cultura general e integral en los educandos.

Las nuevas tecnologías no solo conllevan a conocerla como tal sino a conocer sus implicaciones en el desarrollo del proceso de enseñanza aprendizaje y las formas de explotarlas con resultados óptimos.

En Cuba la utilización de la Computación en la enseñanza, en las investigaciones científicas, en la gestión docente ha constituido un objetivo priorizado de la política nacional informática desde los primeros años de la Revolución, es importante señalar que la enseñanza apoyada por la computadora no es nueva, prácticamente hoy nadie niega que la misma constituye un medio facilitador del aprendizaje. El problema radica en el tipo, modelo de enseñanza que queremos asumir y en comprender el papel que cada entidad debe asumir.

Las computadoras son en la práctica un recurso y un medio para la ejecución automática a velocidades relativamente altas. Estas posibilitan la explotación de estos medios técnicos poniéndolos en función de observar, controlar, dirigir, y evaluar la actividad docente, de modo que los escolares puedan alcanzar sus objetivos con mayor calidad.

Desde el III Seminario Nacional para educadores se abordó que: la computación en la escuela primaria tiene como objetivo formar en los escolares una cultura informática elemental, además de contribuir a elevar la calidad del aprendizaje, el desarrollo de los escolares, por lo que constituye un medio de enseñanza o herramienta de trabajo de gran importancia.

La presencia de computadoras en las aulas de instituciones escolares de todo tipo, se ha convertido en la actualidad en un hecho común. No obstante, la efectividad de su utilización en el proceso educativo es todavía muy limitada.

Por otra parte numerosas investigaciones realizadas han demostrado que todavía es escaso el número de maestros que utilizan la computadora como un medio audiovisual componente de su clase y que aún son menos los que las emplean con fines educativos bien planificados.

Es también común encontrar en artículos sobre el tema la opinión bastante generalizada de que a pesar de que en la última década ha ocurrido una explosión cuantitativa del mercado de software educativo, todavía no se ha logrado un promedio de calidad alta en estos y, por lo tanto, lastran la eficiencia del uso de las computadoras en la enseñanza. Los docentes en muchos casos se encuentran atrapados ante tal avalancha de productos sin tener herramientas para evaluar críticamente la calidad del software que se le ofrece.

No obstante la existencia de criterios desfavorables, la opinión predominante entre los especialistas en informática educativa es no poner en duda las potencialidades de la computadora para favorecer el proceso de enseñanza – aprendizaje. Porque más que un medio de enseñanza esta crea un entorno de aprendizaje.

Hasta el presente se pueden identificar dos tipos de posiciones a la hora de insertar la informática en los currículos escolares. Por un lado la que defiende la inclusión de asignaturas relacionadas directamente con ésta en los diferentes planes de estudio y por otro la que se inclina por la modificación de las asignaturas del plan de estudio incorporando los elementos informáticos que se consideren convenientes asumiendo un papel integrador. Ambas posiciones no deben considerarse contrapuestas y en la generalidad de los casos se tienen en cuenta a la hora de trabajar en el perfeccionamiento de los planes de estudio.

En Cuba, particularmente en los centros adscritos al Ministerio de Educación, se trabaja por introducir las computadoras en las escuelas para ser utilizadas como objeto de estudio, como herramienta de trabajo y como medio de enseñanza. Mucho se ha escrito acerca de la utilización de las computadoras en la educación y no son pocas las clasificaciones que sobre su uso se han hecho. Así Cyntia Salomón identificó cuatro formas de utilizar la computadora en el proceso educativo:

- Para lograr el dominio de aprendizaje por reforzamiento y ejercitación.
- Para realizar procesos de aprendizaje por descubrimiento, a la manera de una interacción socrática.
- Para generar procesos de búsqueda en contextos de interacción.
- Para favorecer procesos de construcción del conocimiento (interacción constructivista).

Por supuesto que esta no es una clasificación rígida, cada una de estas formas tiene sus variantes y se suelen presentar combinadas en dependencia de los objetivos que se persiguen, los contenidos de aprendizaje, los recursos a emplear, entre otros.

1.2 Los software educativos y las softareas en el Proceso de Enseñanza Aprendizaje.

En la utilización de los medios de enseñanza se recomienda el empleo de los softwares educativos vinculados a los objetivos y al contenido de la enseñanza del grado, lo que requiere, que desde la concepción y planificación del sistema de clases se busquen los momentos oportunos que permitan una articulación efectiva

11

y productiva de estos medios, siempre en función de potenciar al máximo el alcance de los objetivos.

El software como medio de enseñanza tiene el propósito central de potenciar el aprendizaje de los escolares en las diferentes áreas del conocimiento, con lo que se auspicia un justo equilibrio entre el carácter formativo e instructivo que caracteriza a las presentes transformaciones. Para ello se cuenta con colecciones de software educativos entre los que se destacan los de la Colección Multisaber.

La colección Multisaber tiene un enfoque curricular y multidisciplinario por su relación con los contenidos de los programas de cada asignatura del currículo de estudio de la Educación Primaria. Cuenta también de software que tributan a la formación de una cultura general integral. Está constituida por una concepción pedagógica que se ha dado a conocer como hiperentornos de aprendizaje, en la que se integran armónicamente módulos como: clases o temas, ejercicios, juegos, bibliotecas, registro o traza y maestro, entre otros. Completa una interfaz estandarizada, que proporciona un ambiente de trabajo amigable e intuitivo con alto nivel de interactividad para acceder a la información existente en el software.

La inserción del software educativo contribuye al logro de estos objetivos, pues a través de ellos el escolar interactúa con información proveniente de diferentes fuentes: textos, gráficos, audio, video, animaciones, fotografías, tablas, esquemas, mapas, ejercicios. Hoy se ponen a disposición de la escuela cubana diversos softwares educativos que cuentan con todos estos recursos, todos ellos combinados hacen posible el desarrollo de habilidades intelectuales generales (observación, comparación, clasificación, valoración) que se manifiestan en el incremento de los procesos de análisis, síntesis, abstracción, generalización, como base de un pensamiento dirigido a penetrar en la esencia de las relaciones entre hechos y fenómenos.

La computadora y el software educativo, como medios de enseñanza resultan eficientes auxiliares del docente en la preparación e impartición de las clases que contribuyen a una mayor ganancia metodológica y a una racionalización de las actividades del docente y los escolares. El uso de la computadora, y por ende del software educativo, permite agrupar una serie de factores presentes en otros medios, pero a la vez agregar otros hasta ahora inalcanzables.

Por otra parte trabajar con la computadora dota al estudio del factor experimental, lo que lleva al establecimiento de conjeturas, ejemplos, contraejemplos, simulaciones, a diferencia del docente la computadora no manifiesta impaciencia alguna al cometerse errores repetidamente, permite la interactividad con los escolares, su retroalimentación, evaluación de lo aprendido, simular procesos complejos, a través de ella se puede demostrar el problema como tal, facilita las representaciones animadas, el trabajo diferenciado e Incide en el desarrollo de habilidades, en la introducción del escolar en el trabajo con medios computarizados y en las técnicas avanzadas.

De lo anteriormente expuesto debe quedar claro que no se trata de reemplazar con un software educativo lo que con otros medios está probado con calidad, sino el de aprovechar las características de este para favorecer todo el proceso de enseñanza-aprendizaje. Los softwares educativos, tratan ante todo de complementar lo que con otros medios y materiales no ha sido posible o es difícil lograr. Deben formar parte del sistema didáctico general y no constituir algo ajeno al programa de educación, de esta forma permite plantear nuevas tareas, actividades más ricas y creadoras. Como presupuesto la Computación en la escuela primaria tiene como objetivo formar en los escolares una cultura informática elemental, además de contribuir a elevar la calidad del aprendizaje y el desarrollo de los escolares, es por ello que su uso como medio de enseñanza o herramienta de trabajo constituye un elemento esencial.

El software educativo cumple las funciones que se le atribuyen, las mismas son:

Función informática: permite el estudio de la realidad a que se hace referencia y la describe lo más objetivamente posible.

Función motivadora: pretende suscitar emociones, estimular el estudio y la búsqueda de nuevos conocimientos.

Función lúdica: pretende el goce del aprendizaje, contiene juegos que hacen que el escolar aprenda al mismo tiempo que se divierte.

Función investigativa: contribuye a incentivar la necesidad de encontrar nuevas alternativas para el conocimiento científico.

Función evaluativa: posibilita el control del aprendizaje logrado por los escolares.

Existen diversos criterios de clasificación del software educativo, para su uso aquí se ha utilizado la más difundida que se basa en la forma de organización de la enseñanza que sugiere la existencia de tutoriales, para la introducción de contenido, basados en diálogo hombre-máquina que conducen al aprendizaje.

También están los entrenadores, evaluadores y simuladores orientados al desarrollo o control de habilidades o procesos y juegos instructivos, que promueven el aprendizaje mediante el entretenimiento.

Según MSc. César Labañino Rizzo (2007) (3) plantea que un software educativo: es una aplicación informática concebida especialmente como medio, integrado al proceso de enseñanza-aprendizaje. Aunque cuando nos referimos a software educativo, mientras no se haga referencia a lo contrario, estaremos refiriéndonos a programas que fueron diseñados para el cumplimiento de funciones dentro del proceso de enseñanza-aprendizaje.

Con la ayuda del software educativo se espera que la enseñanza-aprendizaje sea una fuente importante con la cual los docentes puedan desarrollar una metodología participativa, demostrativa en la que el escolar adquiera un mejor nivel de análisis y además sea una herramienta motivante y que despierte el interés por el estudio. Darles a los escolares muchas variantes con las que puedan experimentar en el laboratorio y conducirlos a que su nivel de experiencia le aporte madurez a su vida cotidiana.

La característica interactiva que el software educativo presenta, propicia la relación de los escolares con su medio social a través de su contenido, con sus compañeros y docentes en el proceso de construcción y socialización de los conocimientos. Desde esta perspectiva, las actividades que el docente debe elaborar en el procedimiento de diseño de la utilización del software educativo correspondiente a la etapa preparatoria, deben encaminarse a favorecer un ambiente colaborativo en el proceso de enseñanza-aprendizaje de modo que se propicie el diálogo y la reflexión entre los participantes, partiendo del conocimiento de las características individuales de cada uno de los escolares, lo cual apunta a ser capaz de conocer los ritmos de aprendizaje del grupo para promover la atención a la diversidad y el aporte de cada uno de sus miembros.

En los últimos años el uso en la clase del software educativo se ha intensificado, y esto a su vez ha traído aparejado que se despierte en los docentes inquietudes como: ¿qué es una clase con software educativo? Y ¿cómo lograr el uso eficiente del software educativo en la clase?

La profundización en el campo de la investigación posibilitó el conocimiento de que la clase con software educativo es aquella: "cuyo objetivo se corresponde con la asignatura que se imparte y el uso del mismo constituye el medio de enseñanza aprendizaje fundamental que contribuye a la asimilación de los contenidos, que se concreta en contener tareas docentes dirigidas a la búsqueda, selección, procesamiento interactivo y conservación de la información usando medios informáticos" (Labañino, 2005). (4)

Este tipo de clases al integrar contenidos de las asignaturas, medios y procedimientos informáticos le confiere, de hecho, un carácter interdisciplinario. Un desglose del concepto de la clase con software educativo abarca en lo esencial los siguientes aspectos:

1. Los contenidos del software educativo se ajustan a los de los programas de las asignaturas.

2. Una de las vías fundamentales para lograr la asimilación de los contenidos mediante este tipo de clase, consiste en el uso del software educativo.

3. Posibilita la solución de tareas de carácter individual o colectivo, dirigidas a la búsqueda, selección, procesamiento interactivo y conservación de la información usando medios informáticos.

4. Las relaciones que se establecen entre una asignatura y Computación cuando la misma promueve el empleo de técnicas informáticas le confiere a la clase un carácter interdisciplinario.

La importancia de estas etapas es reconocida por otros autores, como es el caso de Begoña Gros, (2000) (5) quien considera, entre los aspectos más importantes para el uso eficiente del ordenador en la enseñanza: "que los docentes deben planificar la ejecución de la actividad y hacerla coherente a su práctica habitual. Sobre esto añade: "la perspectiva curricular debe presidir la selección del tipo de software a utilizar", aspecto que como ya se ha explicado, es una de las premisas del software educativo cubano elaborado sobre la base del modelo de aprendizaje. Este mismo autor plantea: "[...] el aspecto primordial en la elaboración de las guías de selección ha de estar en las tareas y problemas de los profesores y no tanto en las características técnicas del software. Una de las formas que se pueden utilizar para lograr orientar correctamente a los escolares hacia los objetivos que se desean alcanzar en la actividad docente haciendo uso del software educativo, es la de interrelacionar los elementos antes expuestos haciendo uso del software mediador del aprendizaje, pues el mismo potencia la interrelación hiperentornos de aprendizaje-Softarea-estudiante.

La softarea es una vía que el maestro puede utilizar para vincular el software educativo con el contenido de la clase y así estimular al escolar para trabajar de forma independiente Para lograr un uso eficiente del software educativo en la actividad docente, este no se puede concebir independiente de la clase, sino como una parte orgánica de ella, así como se debe insertar la Softarea, por constituir un poderoso medio de orientación hacia los objetivos que se deseen alcanzar.

1.3 Algunos apuntes sobre la aplicación Paint.

Cuando el escolar de segundo grado se enfrenta al sistema operativo Windows tiene la posibilidad de trabajar con la aplicación Paint que le permite realizar diferentes dibujos. Para esto es necesario conocer algunas de sus características principales.

- Se basa en el uso de una paleta de colores de un grupo de herramientas o accesorio de dibujo.

- Simula un ambiente de trabajo como el de una mesa, donde están dispuestos los objetos que se requieren para dibujar, incluyendo la hoja de dibujo.

- Agrega a las posibilidades de dibujo, opciones para el rociado a color de un área y deformación de líneas, para obtener curvas.

- Permite la superposición de objetos de dibujo y la inserción de imágenes capturadas.

- Divide su ventana e cinco zonas o secciones (ver ventana) Barras de título y menús, herramientas, selección de formato, paleta de colores y área de trabajo.

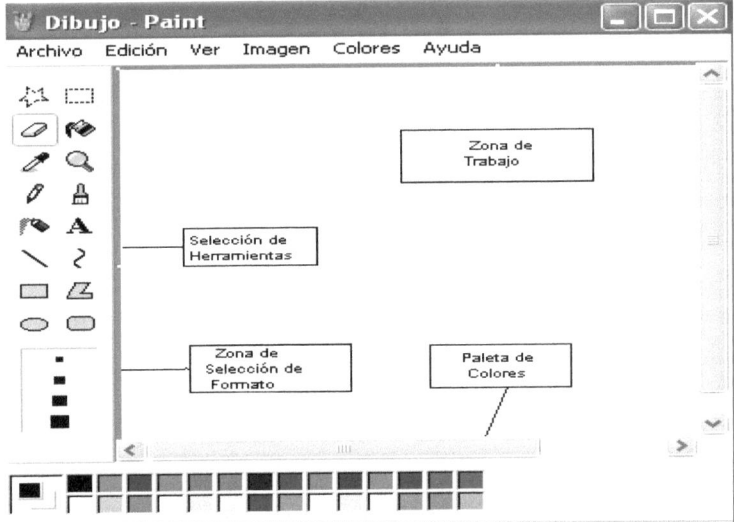

- Ventana de la herramienta de dibujo Paint y sus diferentes zonas.

Además debemos conocer algunas reglas específicas de esta aplicación.

- Existen dos propiedades para el color: trazado y fondo. Se activa un color para el trazado, al hacer clic sobre uno de los colores de la paleta y un color para el fondo, al hacer clic con el botón secundario sobre el color deseado.

- Cada herramienta de trabajo determina un objeto de dibujo, que posee las propiedades de color, según se hayan definido.

La selección de forma y ancho del dibujo se realiza de acuerdo a las características del trazo deseado. En el área de selección se visualizarán las posibilidades de la herramienta seleccionada.

1.4 Softarea docente.

En el marco de la presente investigación la utilización de Softareas viabiliza el análisis del tratamiento la práctica docente por una enseñanza desarrolladora. En tal sentido, el docente parte de la orientación, que posibilita al escolar la asimilación gradual y compleja de los contenidos en función de la solución de los problemas actuales de la enseñanza de la computación. De este punto de vista, el marco de desarrollo es precisamente en los diferentes hiperentornos se utilizan en las Softareas, elementos presentes en la esencia de su definición y que requiere del estudio y análisis por parte del autor.

Para referenciar a la tarea docente con software educativo se ha utilizado en los últimos tiempos el término softarea. Según Rabelo, en Informática 2007 (6), define la Softarea como un sistema de actividades de aprendizaje, organizado de acuerdo con objetivos específicos, cuya esencia consiste en la interacción con softwares educativos, que tiene como finalidad dirigir y orientar a los escolares en los procesos de asimilación de los contenidos a través de mecanismos de búsqueda, selección, creación, conservación y procesamiento interactivo de la información".

Por otra parte Labañino (2002) (7), también la define como "un sistema de actividades de aprendizaje, organizado de acuerdo con objetivos específicos, cuya esencia consiste en la interacción con Softwares Educativos que tiene como finalidad dirigir y orientar a los educadores en los procesos de asimilación de los contenidos a través de los mecanismos de búsqueda, selección, creación, conservación y procesamiento interactivo de la información". Criterio que comparte la **autora** de este trabajo, a lo que agrega: ser profunda actividad motivacional y creativa, que permite a los escolares interactuar mediante diferentes aplicaciones informáticas la localización, navegación, extracción, desde el software educativo, el mismo tiene como finalidad dirigir y orientar a los escolares en los procesos de asimilación de los contenidos a través de los mecanismos de búsqueda, selección, creación, conservación y procesamiento interactivo de la información.

En la interacción del escolar con el software este último puede asumir una postura activa o pasiva. Se entiende por medio "pasivo" cuando el software solo brinda información y él asume la iniciativa en cuanto al tratamiento a dar a este. Se entiende por medio "activo" cuando el software asume la iniciativa, por ejemplo, cuando el escolar soluciona ejercicios o interactúa con un juego.

El software educativo puede ser utilizado por los escolares antes de recibir un nuevo contenido, en la clase o en su estudio independiente. El docente debe tener en cuenta en qué momento va el escolar a utilizar el software para la confección de la softarea.

Para su elaboración, estas responden a los requerimientos metodológicos asumidos, en opinión del autor, por la propuesta presentada por Chala, (2008), en su artículo "La Softarea, forma en que pueden usarse los software en el proceso docente educativo", la cual contiene los pasos necesarios para su estructuración, si se toma en cuenta las características de docentes y escolares a la cual se dirige dicha propuesta:

    a) Tema

    b) Introducción

    c) Orientación

    d) Formulación de la tarea

    e) Forma de evaluación

    f) Recursos informáticos a utilizar

    g) Bibliografía (Si fuera necesario)

Si se analiza cada una de estas estructuras lógicas, es fácil de identificar que sólo persigue un objetivo el desarrollo de softarea. De esta forma, contará con todas las herramientas necesarias para materializarla en el momento que el docente lo considere dentro del proceso de enseñanza aprendizaje. El mismo podría tener lugar en el propio escenario de la clase, durante el espacio de tiempo de máquina, o en otras actividades extraclase.

El tema

La introducción:

Proporciona la información inicial de la actividad, que debe estar precedida por la declaración del tema, y deberá cumplir con la función motivacional. Se plantean los objetivos de la tarea, sobre la base de una situación problémica, pues de ella depende la motivación, interés y esfuerzo del escolar para realizarla.

La formulación de la tarea:

Deberá estar en correspondencia con el objetivo que persigue el docente, así como, la forma de organización y tiempo de ejecución. De su diseño dependerá el desarrollo de la capacidad de indagación e investigación del escolar, y el carácter volitivo desplegado para su realización. En cada actividad, se debe lograr poner en práctica las habilidades informáticas adquiridas, tales como:

navegar, aplicar, interactuar, procesar, dibujar, seleccionar, copiar, pegar, etc....Tener presente la complejidad gradual de los ejercicios, a partir de la necesaria prevalencia del nivel productivo creativo.

La orientación:

De cómo proceder, constituye el eslabón dentro de la estructura de la softarea que le va a dar el carácter y nivel de independencia al escolar, en la solución de la misma. Es en esta, donde el escolar dejará por sentado cuál o cuales son las vías que deberá escoger para llegar a una posible solución de las softareas orientadas. Este nivel de ayuda, contendrá la ruta o camino para llegar a los recursos informáticos que se deberán utilizar.

La forma de evaluación:

Tendrá en cuenta la comunicación breve de los indicadores que se asumirán en la calificación, o categoría a la que puede aspirar el escolar con la resolución de la Softarea.

Por ejemplo, se tendrán en cuenta:

- Utilización adecuada de los recursos informáticos.
- Grado de reflexión y coherencia del trabajo.
- Nivel de argumentación y síntesis de la información.
- Grado de interacción y navegación por el software educativo y demás programas

Bibliografía.

Se debe precisar el software a utilizar y si pueden hacer uso de alguna fuente bibliografía que se encuentra en la biblioteca de la escuela o que esté al alcance de los escolares como el Libro de texto.

Fase de ejecución.

En la formulación de la tarea y la orientación se deben precisar las acciones a realizar por el escolar para poder dar solución a la misma.

Búsqueda de la información.

A través de los mecanismos de localización y búsqueda de la información que ofrece el software.

Selección de la información.

Una vez que el escolar ha estudiado el tema que se le orientó, seleccionará la parte que necesita para dar solución a la tarea y extraerla hacia la aplicación informática donde la va a procesar.

Extracción de la información.

Se refiere a la extracción de la información seleccionada hacia la aplicación informática donde la va a procesar.

Procesamiento de la información.

El escolar determina los aspectos esenciales del contenido estudiado y elabora sus conclusiones.

Lectura y estudio de los contenidos en otras fuentes bibliográficas que se recomienden.

Ejercitación.

Contempla la realización, en el módulo cálculo del software, de los ejercicios que el docente indique en la formulación de la tarea.

Entretenimiento instructivo.

Se refiere a la interacción con los juegos que se incluyen en el software.

Nota.

La presencia de cada una de las acciones a realizar por el escolar estará en dependencia del tipo de tarea y el objetivo que se persigue.

Fase de control.

Se evaluará durante los turnos de la asignatura, como componente de las evaluaciones sistemáticas incidiendo en el currículo y resultados de los escolares.

En los turnos de tiempo de máquina del grupo, donde de forma coordinada en el laboratorio se establecerá un desarrollo práctico de los contenidos de cada softarea.

Guía metodológica para la preparación de la tarea docente con el software educativo. (La Softarea).

1-Decidir el objetivo y el contenido según el diagnóstico.

2-Determinar la existencia del o los softwares educativos a utilizar para dar solución al problema detectado: guía de software educativo, tabloide, recomendaciones metodológicas de los softwares, etc.

3-Selección e interacción con el software educativo para precisar las actividades a realizar en correspondencia con los objetivos definidos.

4-Coordinar con el director del centro en la reunión de coordinación.

5-Diseñar la actividad docente. (Softarea)

6-Ejecutar la actividad.

7-Control de la actividad.

Se recomienda el empleo de los Softwares Educativos vinculados a los objetivos y al contenido de la enseñanza del grado, lo que requiere que desde la concepción y planificación del sistema de clases se busquen los momentos oportunos que permitan una articulación efectiva y productiva de estos medios, siempre en función de potenciar al máximo el aprendizaje.

Todo esto requiere de la correcta dirección del proceso de enseñanza-aprendizaje, pues bajo las actuales exigencias y condiciones de enseñanza desarrolladoras también hay que atender los requerimientos del aprendizaje grupal.

Un aspecto importante es la preparación de la asignatura como una de las formas fundamentales del trabajo metodológico, la cual dota al docente de los elementos necesarios para desarrollar con efectividad su trabajo y se caracteriza por la autopreparación del docente, por lo que la planificación previa de las actividades teniendo en cuenta las softareas, permite dar cumplimiento a los objetivos de la asignatura en particular y también los de computación.

Las softareas propuestas fueron concebidas para aplicarlas en la práctica y la autora las conceptualiza como actividades de aprendizaje, organizadas de acuerdo a objetivos específicos, cuya esencia consiste en la interacción con softwares educativos, como por ejemplo "La Feria de las Matemáticas", que tiene como finalidad dirigir y orientar a los escolares en los procesos de asimilación de los contenidos a través de los mecanismos de búsqueda, selección, creación, conservación y procesamiento interactivo de la información. (CD "Un software para un software", MINED, 2005) (8)

Estas actividades relacionan contenidos de Computación como:

1- Interactuar con los Softwares Educativos en correspondencia con sus necesidades y potencialidades.

2- Procesar dibujos y textos en el Paint.

Para concebir estas actividades se partió del fin de la Educación Primaria, los objetivos de las unidades que responden al tema, la selección del contenido a tratar, así como la valoración de las potencialidades del mismo para la preparación de los docentes al tratar el concepto de softarea y se tuvo en cuenta el estudio de documentos normativos del Ministerio de Educación relacionados con el objeto de estudio, programas y orientaciones metodológicas del grado, se consultaron otras bibliografías indispensables para el diseño del material, entre ellas las investigaciones y materiales docentes que abordan el tema de la softarea como el de Yanexis Figueroa Fonseca.Yurelis Garcés. Irania Lisbet Acosta Zaldivar. Todas estas de la localidad de Maceo perteneciente al municipio cacocum.

Mediante él podrán resolver esas softareas y ejercicios enmarcados en los diferentes niveles de desempeño cognitivo, por los cuales el escolar transita. Tiene que resolver problemas que van desde la reproducción, la aplicación, hasta la creación.

Para este medio se tuvo en cuenta la dosificación del contenido de las unidades a partir de los fundamentos teóricos con la estructura siguiente: módulo, tema, objetivo, introducción, orientación, actividades, control de la actividad, forma de evaluación y recursos informáticos. Puede ser utilizado como medio de enseñanza o como material de apoyo para la consolidación de las temáticas de las Unidades. Mediante el mismo se favorece la utilización de los Softwares Educativos para asimilar los contenidos abordados en diferentes materias y el desarrollo de las habilidades de la computación como experiencia intelectual.

Se puede destacar que el docente debe aprovechar las potencialidades que le brindan los softwares para la organización y dirección del proceso de enseñanza-aprendizaje desde el punto de vista metodológico, pues utilizados correctamente posibilitan el cumplimiento de las funciones instructivas y educativas, contribuyendo a la fijación de cualquier contenido ya tratado por los docentes en clases.

EPÍGRAFE #2 SOFTAREAS PARA FAVORECER EL PROCESO DE ENSEÑANZA APRENDIZAJE EN LA ESCUELA PRIMARIA.

La incorporación de la computadora en el sistema educacional cubano, ha permitido la posibilidad de explorar nuevos ambientes de aprendizajes, que a partir de su puesta en práctica, facilitan el desarrollo de las capacidades intelectuales, hábitos y habilidades de carácter investigativo en los escolares.

En particular, el empleo de los recursos informáticos se ha convertido en excelente medio y vía para los diversos procesos de enseñanza y aprendizaje, por su carácter interactivo y su capacidad de individualizar el proceso. Un ejemplo en este sentido, lo constituyen entre otros, la Colección Multisaber de la enseñanza primaria y la aplicación Paint, por lo que se debe aprovechar cada una de las posibilidades que ofrecen estos recursos informáticos, como fuentes irrenunciables del conocimiento. El presente material docente contiene un conjunto de Softareas, que permite el uso del Software Educativo en función del aprendizaje, concebidas según la dosificación de la unidad #1 adición y sustracción con sobrepaso del programa de Matemática de 2do grado y cuyo objetivo principal es favorecer el desarrollo de softarea donde el docente tendrá la posibilidad de relacionar contenidos de las asignaturas matemática y computación, el cual puede ser utilizado como material de apoyo para la consolidación de estos contenidos.

Por otra parte la sistematización de la reflexión teórico-metodológica asumida por la autora en la presente investigación, así como las softareas, constituyen elementos de carácter orientador y práctico que le permite la concepción y materialización de futuras softareas en el resto de las unidades del programa, e incluso de otras asignaturas en el diseño curricular de la primaria. Las softareas responden a los objetivos de Computación del 2do grado, cada una, posee un nivel de ayuda desde el punto de vista del acceso a los recursos informáticos, de manera que permite la independencia del escolar que aprende, en el desarrollo de las actividades que se programan u orientan.

Se recomienda el empleo de los Softwares Educativos vinculados a los objetivos y al contenido de la enseñanza del grado, lo que requiere que desde la concepción y planificación del sistema de clases se busquen los momentos oportunos que permitan una articulación efectiva y productiva de estos medios, siempre en función de potenciar al máximo el aprendizaje.

Mediante la propuesta de softareas que a continuación se ofrece, el docente tendrá la posibilidad de ver ejemplos de como se puede vincular la Computación con otras asignaturas y la utilidad que se le puede dar a los softwares educativos. Por esto el presente material es punto de partida en la labor educacional.

Indicaciones al docente para la elaboración de las Softareas.

Las softareas propuestas constituyen un punto de partida para enriquecer la labor docente. Por esta razón se sugiere tomar en consideración la metodología para su elaboración e implementación en la escuela primaria.

Se debe lograr la autopreparación eficiente para poder elaborarla y darle salida curricular e integrarla a diferentes asignaturas del programa de estudio y así lograr la relación intermateria. Algunos documentos de obligatoria consulta en el presente trabajo son:

1. Programa de segundo grado de la educación primaria.
2. OM segundo grado de la educación primaria.
3. Operativos del ICCP para la medición de la calidad de la educación.
4. Libro de texto de segundo grado, Matemática.
5. Cuaderno de trabajo de Matemática, segundo grado.
6. Libro cómo resolver problemas matemáticos.
7. Software educativo, La feria de las Matemáticas.

Sugerencias de los momentos en que puede ser orientada, realizada y controlada la softarea.

Fase de orientación:

1- Las teleclases.

2-Turno de clase.

3-Actividad extraescolar.

4-Otros.

Fase de ejecución:

1-Turno de computación destinado al uso del software educativo.

2-Tiempo de máquina.

3-Clases de ejercitación definidas especialmente por el docente.

4-Concursos o competencias del saber.

Fase de control:

Estará en dependencia del turno escogido para resolverla. Se controlará de manera independiente mediante la observación directa de los escolares al interactuar con la softarea y las habilidades que muestre al hacerlo. Se brindará una evaluación cualitativa de la misma.

Otras sugerencias:

En tesis de Maestría Mont, 2009 se plantea la propuesta de una metodología para el trabajo con softareas. En el mismo se proponen acciones a desarrollar, las cuales se relacionan a continuación:

Acciones que debe desarrollar el docente antes de orientar la softarea:

1- Tener en cuenta el diagnóstico de desempeño cognitivo de los escolares.

2- Analizar la estructura didáctica y metodológica de cada clase de la unidad.

3- Realizar una propuesta de tareas para dar cumplimiento al objetivo de cada clase.

4- Garantizar el nivel de partida de acuerdo con los conocimientos precedentes.

5- Valorar la integración con otros medios de enseñanza.

6- Determinar si las actividades serán individual o por equipos.

7- Especificar cómo evaluará la solución presentada por los escolares.

8- Lograr que los escolares se registren para que puedan ser evaluados.

9- Realizar el debate con los escolares de las actividades realizadas.

Al aplicar la propuesta se tuvo en cuenta las siguientes condiciones.

- Amplia divulgación entre los escolares de la muestra.

- Alternar alguna softarea para no perder el enfoque sistémico.

- Registrar la evaluación individual de cada softarea.

- Ir rediseñando la propuesta según los resultados alcanzados.

- Creación de un ambiente agradable que propicie la motivación y el interés por la softarea.

Base orientadora para la aplicación de la propuesta.

La autora de esta investigación sugiere los siguientes aspectos metodológicos que se deben tener en cuenta.

- Autopreparación en los contenidos y objetivos de los programas de estudio.

- Revisión de todas las fuentes de información que se relacionan con el tema escogido.

-Tener en cuenta los objetivos que aparecen en el programa curricular y en el Modelo de Escuela Primaria correspondiente al segundo grado.

- Interrelación del docente que está frente al aula con el profesor de Computación.

En estas softareas se utilizó, a modo de ejemplo, el software La feria de las matemáticas, el mismo contiene cuatro niveles de ejercicios con situaciones motivantes que se corresponden con los contenidos. Los ejercicios refuerzan los conocimientos adquiridos, mediante un ambiente educativo dinámico y atractivo que estimula a los escolares a resolver las tareas planteadas y a buscar retroinformación. Ofrece un material de consulta sobre los temas anteriores y recomendaciones metodológicas para el tratamiento de los contenidos de numeración y cálculo.

Módulo clase: aparece la explicación de cómo se da tratamiento a cada uno de los aspectos que aparece en el módulo ejercicios.

Módulo ejercicios: contiene cuatro niveles que se corresponden con cada uno de los grados.

Numeración, cálculo, comparación y aplicación de problemas.

Módulo registro: aparece el control de los resultados por los escolares.

Módulo maestro: ofrece orientaciones para el maestro acerca de las temáticas.

La presente investigación propone un grupo de softareas que está estructurada en un tema sugerente, introducción donde el niño se motivará mediante una problemática, la formulación de la tarea donde pondrán en práctica las habilidades informáticas adquiridas en el desarrollo de ejercicios de diferentes niveles, mediante la orientación tiene las vías para realizar softareas la cual tendrá diferentes formas de evaluar y en recursos informáticos se le brinda los programas a utilizar.

Para la realización de estas softareas se han vinculado específicamente con el software educativo La feria de las matemáticas, en el mismo aparecen tres niveles de ejercicios donde se reflejan las cuatro operaciones de cálculo que se trabajan en el grado.

Nivel I:

Contiene 35 ejercicios: (identificar conjuntos, identificar números, antecesor y sucesor, comparación de números y conjuntos).

Nivel II:

Contiene 43 ejercicios: (Adición, sustracción, multiplicación y división).

Nivel III:

Contiene 53 ejercicios: (Cálculo con magnitudes. Ejercicios combinados, ejercicios con texto)

2.1- Propuesta de softareas.

Estas Softareas se realizarán en el tiempo de máquina y turnos de clase correspondientes. Tienen la estructura siguiente: módulo, tema, objetivo, introducción, orientación, actividades, control de la actividad, forma de evaluación y recursos informáticos.

Softarea # 1

Módulo: Cálculo.

Tema: "Matemática animal".

Objetivo: Calcular con seguridad y rapidez ejercicios de adición y sustracción con números de un lugar a números de dos lugares aplicándolo a ejercicios de la vida práctica.

Introducción

Comenzar con la lectura del Zunzún #259 página 11.

"Matemática animal"

El número de dedos que tienen los animales es variado. El caballo tiene uno, la vaca, dos, el pingüino, tres, la rana, cuatro. Son muchos los que tienen cinco como el elefante, el gato, el murciélago, la iguana y el hombre. ¡Ah! Y el oso panda tiene seis.

¿De qué animales se habla en la lectura?

¿Cuántos dedos tiene el oso panda?

Representa el número que corresponde a la cantidad de dedos que tiene el oso. Hazlo a través del Paint.

¿Cuántos dedos tiene el elefante?

¿Cuál es el antecesor y sucesor de ese número?

¿Quién tiene seis dedos?

Escribe el numeral de la cantidad de dedos que tiene el gato.

¿Cuántos dedos tienes tú?

¿Suma los dedos que tienes tú en las dos manos?

Compara la cantidad de dedos que tienes en las manos con los del caballo.

Te invito a demostrar lo que sabes mediante los ejercicios que te brinda el software "La Feria de las Matemáticas".

Orientación: para buscar los ejercicios, acceda a la Colección Multisaber, el software educativo "La Feria de las Matemáticas" en el módulo "Cálculo" dando clic en adición y sustracción, ejercicio del 1 al 4.

Formulación de la tarea:

Consulta el software "La Feria de las Matemáticas" y resuelve los ejercicios de adición y sustracción que en este aparecen.

1 – Pienso en un número, este es la suma de 10 y 5. ¿En que número pensé? (Circula la respuesta correcta)

a) 15

b) 11

c) 25

d) no se sabe

2- Sustrae y fundamenta:

9 de 13

4 de 11

6 de 14

3- Un sumando es 19, el otro sumando es el sucesor de 7. La suma es: (Marca con una (x) la respuesta correcta.

a) ─ 12   b) ─ 27   c) ─16   d) ─ no se sabe

4- Hay 15 niños montando en los aparatos del parque de diversiones. De ellos 7 están montando en los caballitos.

¿Cuántos niños están montando en los otros aparatos del parque?

Control

Se realizará de forma individual por los puestos de trabajo otorgando una nota cualitativa a cada pregunta.

Formas de evaluación:

Se tendrán en cuenta los siguientes aspectos:

Grado de interacción y navegación por el software y demás programas.

Si todas fueron contestadas.

Calidad del trabajo final.

Grado de reflexión y coherencia del trabajo.

Recursos informáticos: Colección Multisaber. Software "La Feria de las Matemáticas". Primaria. Graficador Paint.

Softarea # 2

Módulo: Cálculo.

Tema: Numeración y cálculo.

Objetivo: Calcular ejercicios básicos de adición y sustracción en ejercicios con texto y problemas demostrando rapidez y seguridad.

Introducción

Comenzar leyendo un fragmento del alegato de Ramón Labañino Salazar escogido del Zunzún #243 Página 11.

Cuba, mi país, ha sufrido por más de 42 años actos terroristas, agresiones, invasiones y provocaciones que han traído la muerte de seres humanos. Cuba, al igual que EE.UU., tiene derecho a defenderse.

¿Quién escribió este alegato?

¿A qué país se refiere cuando expresa: **mi país**?

¿Cuántos años ha sufrido Cuba de actos terroristas?

¿Cuál es el antecesor y sucesor de este número?

¿Qué igualdades de adición y sustracción puedes formar con estos números?

Te invito a demostrar lo que sabes mediante los ejercicios que te brinda el software "La Feria de las Matemáticas".

Orientación: para buscar los ejercicios, acceda a la Colección Multisaber, el software educativo "La Feria de las Matemáticas" en el módulo "Cálculo" dando clic en adición y sustracción, ejercicio del 5 al 8.

Formulación de la tarea:

Consulta el software "La Feria de las Matemáticas" y resuelve los ejercicios de adición y sustracción que en este aparecen.

1- Completa los números que faltan.

47__ __ __ __ __ 52

a) Escribe el numeral del mayor número.

b) Ubica los números en la tabla de posición.

c) Adiciona 5 unidades al menor número.

d) Sustrae 3 unidades del antecesor del mayor número.

2- Determina el ejercicio básico. Calcula y luego determina el resultado del ejercicio dado.

Adiciona.

a) 75+ 5

b) 64+6

c) 42+8

d) 33+7

- Escribe el numeral del resultado de los incisos a y c.

3- Si adicionamos 26 al sucesor de 4 obtenemos_____.

4-Katia tiene 43 flores, María tiene 45 flores y Mariela tiene más flores que Katia pero menos que María ¿Cuántas flores tiene Mariela?

a) Representa mediante un dibujo en el Paint los datos que te ofrece el ejercicio.

b) Si utilizas el graficador Paint podrás ubicar en una tabla de posición el resultado del ejercicio anterior.

Control

Se realizará de forma individual por los puestos de trabajo otorgando una nota cualitativa a cada pregunta.

Formas de evaluación:

Se tendrán en cuenta los siguientes aspectos:

Grado de interacción y navegación por el software y demás programas.

Si todas fueron contestadas.

Calidad del trabajo final.

Grado de reflexión y coherencia del trabajo.

Recursos informáticos: Colección Multisaber. Software "La Feria de las Matemáticas". Primaria. Graficador Paint.

Softarea # 3

Módulo: Cálculo.

Tema: Las letras y los números.

Objetivo: Calcular con seguridad y rapidez ejercicios básicos de adición y sustracción con sobrepaso aplicándolo a la solución de ejercicios de la vida práctica.

Introducción

Comenzar leyendo una adivinanza escogida del Zunzún #241 Página 12.

Lee las palabras resaltadas y cuenta las letras. Escribe los números.

<u>**Treinta y dos**</u> **sillitas** blancas

en un viejo comedor,

y una vieja **parlanchina**

que las pisa sin **temor.**

a) Escribe con cifra el numeral de la palabra subrayada.

Te invito a demostrar lo que sabes mediante los ejercicios que te brinda el software "La Feria de las Matemáticas".

Orientación: para buscar los ejercicios, acceda a la Colección Multisaber, el software educativo "La Feria de las Matemáticas" en el módulo "Cálculo" dando clic en adición y sustracción, ejercicio del 9 al 12.

Formulación de la tarea:

Consulta el software "La Feria de las Matemáticas" y resuelve los ejercicios de adición y sustracción que en este aparecen.

1- Ubica los signos (< > =) según convenga.

19 + 2 ☐ 8+ 4

16+ 7 ☐ 18+5

18+ 6 ☐ 19+6

a) Fundamenta en cada caso.

2- Escribe V o F según convenga.

— 16 - 8 =7

— 13 - 9 =4

—17- 8 =9

—15 - 6 =10

a) Convierte la proposición falsa en verdadera.

3- Enlaza la columna A con la columna B según corresponda.

A	B
a) x+7= 39	93
b) a- 9 = 45	36
c) 87 = b-6	32
	54

4-De los escolares de un aula 16 hacen ejercicios en el terreno y 4 en la sala de gimnasio ¿Cuántos escolares del aula hacen ejercicios?

a)- Copia la respuesta en el Paint, utiliza la herramienta texto.

Control

Se realizará de forma individual por los puestos de trabajo otorgando una nota cualitativa a cada pregunta.

Formas de evaluación:

Se tendrán en cuenta los siguientes aspectos:

Grado de interacción y navegación por el software y demás programas.

Si todas fueron contestadas.

Calidad del trabajo final.

Grado de reflexión y coherencia del trabajo.

Recursos informáticos: Colección Multisaber. Software "La Feria de las Matemáticas". Primaria. Graficador Paint.

Softarea # 4

Módulo: Cálculo.

Tema: El yate Granma.

Objetivo: Calcular ejercicios de adición y sustracción de números de un lugar a números de dos lugares en la que la suma o el minuendo es un múltiplo de 10 para que lo apliquen a la solución de ejercicios con texto y problemas

Introducción

Comenzar leyendo una lectura escogida del Zunzún #207 Página 15.

El yate Granma llegó a nuestras costas el 2 de diciembre de 1956 con **82** revolucionarios a bordo que comenzaron de inmediato la lucha por la verdadera y total independencia de Cuba.

¿A qué se refiere cuando expresa: nuestras costas?

¿Cuántos revolucionarios llegaron en el desembarco del Granma?

¿Cuál es el antecesor y sucesor de este número?

¿Qué igualdades de adición y sustracción puedes formar con estos números? Enúncialas.

Te invito a demostrar lo que sabes mediante los ejercicios que te brinda el software "La Feria de las Matemáticas".

Orientación: para buscar los ejercicios, acceda a la Colección Multisaber, el software educativo "La Feria de las Matemáticas" en el módulo "Cálculo" dando clic en adición y sustracción, ejercicio del 13 al 17.

Formulación de la tarea:

Consulta el software "La Feria de las Matemáticas" y resuelve los ejercicios de adición y sustracción que en este aparecen.

1- Calcula oralmente.

9 + 5   7 + 4

8 + 6   5 + 8

6 + 7   4 + 9

2- Enlaza el resultado con el numeral correcto

  A   B

83 + 7	cuarenta
32 +8	ochenta
45 + 5	noventa
74 + 6	cincuenta

a)- Escribe el numeral en el graficador Paint mediante la herramienta texto.

3-Determina el ejercicio básico, calcúlalo y luego determina el resultado del ejercicio dado.

Sustrae

7 de 40

3 de 80

6 de 30

4 de 70

4- Un sumando es el antecesor de 51 el otro sumando está formado por 3 unidades ¿Cuál es la suma?

5- En un grupo de segundo grado 16 escolares realizan la tarea de caligrafía, 4 realizan la tarea de Matemática y 10 forran sus libretas ¿Cuántos escolares realizan las tareas?

a) Copia la respuesta en el Paint, utiliza la herramienta texto.

Control

Se realizará de forma individual por los puestos de trabajo otorgando una nota cualitativa a cada pregunta.

Formas de evaluación:

Se tendrán en cuenta los siguientes aspectos:

Grado de interacción y navegación por el software y demás programas.

Si todas fueron contestadas.

Calidad del trabajo final.

Grado de reflexión y coherencia del trabajo.

Recursos informáticos: Colección Multisaber. Software "La Feria de las Matemáticas". Primaria. Graficador Paint.

Softarea # 5

Módulo: Cálculo.

Tema: El número mágico.

Objetivo: Resolver ejercicios básicos de adición y sustracción en ejercicios con texto y problemas calculando con rapidez y seguridad.

Introducción

Comenzar leyendo una lectura escogida del Zunzún # 174 Página 12.

El número 5 ¿es mágico? Veamos. Piensa en un número entre el 1 y el 20, adiciónale 10, al número que pensaste sustráele 20. Da 5, ¿verdad?

a) Forma y resuelve igualdades de adición y sustracción con los números dados.

Te invito a demostrar lo que sabes mediante los ejercicios que te brinda el software "La Feria de las Matemáticas".

Orientación: para buscar los ejercicios, acceda a la Colección Multisaber, el software educativo "La Feria de las Matemáticas" en el módulo "Cálculo" dando clic en adición y sustracción, ejercicio del 18 al 21.

Formulación de la tarea:

Consulta el software "La Feria de las Matemáticas" y resuelve los ejercicios de adición y sustracción que en este aparecen.

1-La diferencia es 61, el sustraendo es el antecesor de 7 ¿Cuál es el minuendo?

a) Descompón como suma de producto el resultado.

b) Escribe su numeral y ubícalo en la tabla de posición.

2- En un grupo de segundo grado 8 escolares realizan la lectura en el zunzún, 4 en el libro de texto y 10 forran sus libretas ¿Cuántos escolares realizan la lectura?

3- Elabora un problema de adición teniendo en cuenta los siguientes datos.

En un trabajo voluntario participaron 27 escolares de 2do A y 9 de 2do B.

a) Busca la herramienta texto en el graficador Paint. Escribe el problema elaborado.

Control

Se realizará de forma individual por los puestos de trabajo otorgando una nota cualitativa a cada pregunta.

Formas de evaluación:

Se tendrán en cuenta los siguientes aspectos:

Grado de interacción y navegación por el software y demás programas.

Si todas fueron contestadas.

Calidad del trabajo final.

Grado de reflexión y coherencia del trabajo.

Recursos informáticos: Colección Multisaber. Software "La Feria de las Matemáticas". Primaria. Graficador Paint.

Softarea # 6

Módulo: Cálculo.

Tema: Un buen amigo.

Objetivo: Calcular con seguridad ejercicios de adición y sustracción de un número de un lugar a números de dos lugares con sobrepaso, aplicándolo a situaciones de la vida práctica.

Introducción

Comenzar leyendo la estrofa extraída del Cuaderno Martiano:

"Tiene el leopardo un abrigo"

Tiene el leopardo un abrigo

En su monte seco y pardo

Yo tengo más que el leopardo

Porque tengo un buen amigo.

¿De qué trata la poesía?

¿Por qué tiene más el leopardo?

¿Cuántos amigos dice él que tiene?

Escriban el número que corresponde a la cantidad de amigos.

Adivina.

Al sumarlo con el 10 se forma el número ____

Completa mediante el cálculo (oral)

2+10 ___ 3+11___ 5+6___ 3+9___ 5+12 ___ 4+7___ 3+8 ___ 5+7___ 4+14 ____

Ordena los números que no se repiten.

Completa la serie:

___ , 19, 18, ___ , ____ , ____ , ___ , ___ , ___ , 11.

Te invito a demostrar lo que sabes mediante los ejercicios que te brinda el software "La Feria de las Matemáticas".

Orientación: para buscar los ejercicios, acceda a la Colección Multisaber, el software educativo "La Feria de las Matemáticas" en el módulo "Cálculo" dando clic en adición y sustracción, ejercicio del 22 al 24.

Formulación de la tarea:

Consulta el software "La Feria de las Matemáticas" y resuelve los ejercicios de adición y sustracción que en este aparecen.

1-Si adicionas 4 a un número obtienes 71 ¿Cuál es ese número?

a) Si al resultado anterior se le adicionan 7 unidades se obtendría __

2- Calcula y compara

67+ 6   68+ 5

84- 9   95 - 7

75+ 8   68 - 7

a) Ubica en la tabla de posición los resultados. Hazlo a través de un dibujo en el Paint.

3- Oscar tiene 28 bolas rojas y 17 bolas azules. Le regala a su hermano 9 bolas rojas. ¿Cuántas bolas rojas le quedaron a Oscar?

a)- Copia la pregunta en el Paint.

b) Elabora un problema en el graficador Paint utilizando datos de tu escuela.

Control:

Se realizará de forma individual por los puestos de trabajo otorgando una nota cualitativa a cada pregunta.

Formas de evaluación:

Se tendrán en cuenta los siguientes aspectos:

Grado de interacción y navegación por el software y demás programas.

Si todas fueron contestadas.

Calidad del trabajo final.

Grado de reflexión y coherencia del trabajo.

Recursos informáticos: Colección Multisaber. Software "La Feria de las Matemáticas". Primaria. Graficador Paint.

Softarea # 7

Módulo: Cálculo.

Tema: ¿Quién me ayuda?

Objetivo: Reconocer ejercicios básicos de adición y sustracción en ejercicios con textos y problemas calculando con rapidez y seguridad.

Introducción

Comenzar leyendo una poesía escogida del Zunzún #253 Página 13.

"A voces quién me ayuda"

A voces no hay quien me ayude,

A decir tres veces ocho,

Ocho, corcho, troncho y caña,

Caña, troncho, corcho y Ocho.

No hay quien me ayude a voces,

A decir seis veces ocho,

Ocho, corcho, troncho y caña,

Caña, troncho, corcho y Ocho.

Corcho, Ocho, Caña y troncho,

Troncho, Caña, Ocho y corcho.

¿Qué numerales podemos encontrar en la poesía?

¿Qué igualdades de adición y sustracción puedes formar con estos números?

¿Cuál es el antecesor y sucesor de estos números?

Te invito a demostrar lo que sabes mediante los ejercicios que te brinda el software "La Feria de las Matemáticas".

Orientación: para buscar los ejercicios, acceda a la Colección Multisaber, el software educativo "La Feria de las Matemáticas" en el módulo "Cálculo" dando clic en adición y sustracción, ejercicio del 25 al 27.

Formulación de la tarea:

Consulta el software "La Feria de las Matemáticas" y resuelve los ejercicios de adición y sustracción que en este aparecen.

1-La diferencia es 61, el sustraendo es el antecesor de 7 ¿Cuál es el minuendo?

a) Descompón como suma de producto el resultado.

b) Escribe su numeral y ubícalo en la tabla de posición.

c) Dibuja la tabla en el Graficador Paint.

2-Un plomero trajo un tubo de 67cm de largo .Para realizar su trabajo cortó un pedazo de 8cm de largo. ¿Qué largo tiene el tubo?

3- En un grupo de segundo grado 16 escolares realizan la tarea de caligrafía, 4 realizan la tarea de Matemática y 10 forran sus libretas ¿Cuántos escolares realizan las tareas?

a) Hazlo en el graficador Paint utilizando datos del ejercicio, utiliza la herramienta texto.

Control

Se realizará de forma individual por los puestos de trabajo otorgando una nota cualitativa a cada pregunta.

Formas de evaluación:

Se tendrán en cuenta los siguientes aspectos:

Grado de interacción y navegación por el software y demás programas.

Si todas fueron contestadas.

Calidad del trabajo final.

Grado de reflexión y coherencia del trabajo.

Recursos informáticos: Colección Multisaber. Software "La Feria de las Matemáticas". Primaria. Graficador Paint.

Softarea # 8

Módulo: Cálculo.

Tema: Letras y números.

Objetivo: Calcular con rapidez y seguridad ejercicios de adición y sustracción de números de un lugar a números de dos lugares con sobrepaso mediante la transferencia de ejercicios básicos.

Introducción

Lee las palabras resaltadas y cuenta las letras. Escribe los números.

Veintiséis de julio era,

Veintiséis de **madrugada:**

Santiago, Cuartel **Moncada,**

despertar de **Cuba** entera.

Veintiséis sobre mi tierra.

Julio de la dignidad.

El Moncada, hizo la **Sierra;**

La Sierra la **libertad.**

a) Adiciona el numeral subrayado con el número de letras que tiene la otra palabra subrayada.

Te invito a demostrar lo que sabes mediante los ejercicios que te brinda el software "La Feria de las Matemáticas".

Orientación: para buscar los ejercicios, acceda a la Colección Multisaber, el software educativo "La Feria de las Matemáticas" en el módulo "Cálculo" dando clic en adición y sustracción, ejercicio del 28 al 29.

Formulación de la tarea:

Consulta el software "La Feria de las Matemáticas" y resuelve los ejercicios de adición y sustracción que en este aparecen.

a) Representa los números que se obtienen de las sumas de 22 + 9 y 28 +7

b) Sustrae 7 de cada suma obtenida en el inciso a).

1- Sustrae del número formado por 4 decenas y 8 unidades el antecesor de 3.

a) Ubica en la tabla de posición decimal la diferencia obtenida. Dibújala en el Paint.

2- Jorge recogió 43 frascos vacíos. Héctor recogió 52. De los frascos de Jorge hay 9 dañados. De los frascos de Héctor hay 7 dañados.

a) ¿Cuántos frascos en buen estado recogió Jorge?

b) ¿Cuántos frascos en buen estado recogió Héctor?

Control

Se realizará de forma individual por los puestos de trabajo otorgando una nota cualitativa a cada pregunta.

Formas de evaluación:

Se tendrán en cuenta los siguientes aspectos:

Grado de interacción y navegación por el software y demás programas.

Si todas fueron contestadas.

Calidad del trabajo final.

Grado de reflexión y coherencia del trabajo.

Recursos informáticos: Colección Multisaber. Software "La Feria de las Matemáticas". Primaria. Graficador Paint.

Softarea # 9

Módulo: Cálculo.

Tema: Los meses del año.

Objetivo: Calcular con rapidez y seguridad ejercicios de adición y sustracción de números de un lugar a números de dos lugares con sobrepaso mediante la transferencia del ejercicio básico.

Introducción

Comenzar leyendo un verso de la lectura "El calendario" escogido del Zunzún #163 Página 9.

30 días trae noviembre/ con abril, junio y septiembre, / los demás traen 31,/ excepto febrero mocho/ solo tiene 28. / Si el año bisiesto fuese, / trae Febrero 29.

¿De quién se habla en la lectura?

¿Cuáles son los meses que traen 31 días?

¿Por qué febrero es mocho?

¿Cuándo es bisiesto?. ¿Cuántos días trae?

- Busca el sucesor de ese número.

- Forma igualdades de adición y sustracción con él.

Te invito a demostrar lo que sabes mediante los ejercicios que te brinda el software "La Feria de las Matemáticas".

Orientación: para buscar los ejercicios, acceda a la Colección Multisaber, el software educativo "La Feria de las Matemáticas" en el módulo "Cálculo" dando clic en adición y sustracción, ejercicio del 30 al 33.

Formulación de la tarea:

Consulta el software "La Feria de las Matemáticas" y resuelve los ejercicios de adición y sustracción que en este aparecen.

1-Un sumando es 9, la suma es 86. El otro sumando es:

Circula la respuesta correcta.

a) 85   b) 77   c) 80   d) 9 no se sabe

b) Descompón como suma la respuesta correcta.

2- Adiciona 9 a la diferencia de 73 y 8

a) Escribe el numeral del resultado final.

b) Descompón como suma de producto la suma obtenida.

3- Elabora la pregunta para el siguiente problema.

Luis tiene 36 bolas rojas y 9 bolas azules. Regala 8 bolas rojas a su hermano.

4. Elabora un problema en el Paint donde el minuendo sea 27 y que trate sobre los días de un mes.

Control

Se realizará de forma individual por los puestos de trabajo otorgando una nota cualitativa a cada pregunta.

Formas de evaluación:

Se tendrán en cuenta los siguientes aspectos:

Grado de interacción y navegación por el software y demás programas.

Si todas fueron contestadas.

Calidad del trabajo final.

Grado de reflexión y coherencia del trabajo.

Softarea # 10

Módulo: Cálculo.

Tema: Martí y su amigo.

Objetivo: Calcular ejercicios de adición y sustracción con sobrepaso aplicándolo a la solución de ecuaciones mediante reflexiones lógicas y completamiento de tablas.

Introducción

Leer un fragmento de la curiosidad Fermín Valdés Domínguez del zunzún # 243.

Se conocieron a los siete años Martí lo llamaba "mi hermanote" y utilizaba la biblioteca de su casa pues no podía comprar libros. Fermín se graduó de médico y lo cuidó en varias ocasiones.

¿A qué edad se conocieron Martí y Fermín?

A este número súmale su sucesor.

a) Ubica en la tabla de posición decimal la suma obtenida.

Orientación: para buscar los ejercicios, acceda a la Colección Multisaber, el software educativo "La Feria de las Matemáticas" en el módulo "Cálculo" dando clic en adición y sustracción.

Formulación de la tarea:

Consulta el software "La Feria de las Matemáticas" y resuelve los ejercicios de adición y sustracción que en este aparecen, ejercicio del 34 al 36.

1-Calcula y completa la tabla

A	b	c	a+b	a+b+c
54	8	9		
63	7	4		
43	9	6		

a) Descompón como suma de producto las sumas de a+b+c

2- Determina el valor de:

a) x + 6 = 32   c) d – 4 = 59

b) a + 7 = 65   d) e – 8 = 62

a) Escribe el numeral del valor de x.

a) Representa mediante un dibujo en el Paint los datos que te ofrece el ejercicio.

3- Ana tiene varias naranjas y 15 plátanos en un cartucho. Si saca 17 naranjas para sus amigas, le quedan 6 naranjas. ¿Cuántas naranjas tenía Ana?

Control: Se realizará de forma individual por los puestos de trabajo otorgando una nota cualitativa a cada pregunta.

Formas de evaluación: Se tendrán en cuenta los siguientes aspectos:

Grado de interacción y navegación por el software y demás programas.

Si todas fueron contestadas.

Calidad del trabajo final.

Grado de reflexión y coherencia del trabajo.

Recursos informáticos: Colección Multisaber. Software "La Feria de las Matemáticas". Primaria. Graficador Paint.

Softarea #11

Módulo: Cálculo.

Tema: El padre de la patria.

Objetivo: Calcular con rapidez y seguridad ejercicios de adición y sustracción con sobrepaso a través de actividades que propicien el desarrollo del pensamiento lógico.

Introducción

Invitarlos a completar las siguientes palabras.

Carlos Manuel de Céspedes, el padre de la Patria le da la libertad a sus esclavos el día........

Escribe el numeral que corresponde a ese día.

Busca el antecesor y el sucesor del número mencionado.

Forma igualdades de adición y sustracción donde utilices estos números.

Orientación: para buscar los ejercicios, acceda a la Colección Multisaber, el software educativo "La Feria de las Matemáticas" en el módulo "Cálculo" dando clic en adición y sustracción, ejercicio del 37 al 39.

Formulación de la tarea:

Consulta el software "La Feria de las Matemáticas" y resuelve los ejercicios de adición y sustracción que en este aparecen.

1- Completa con el signo que corresponde (+ - =)

39 6   45

94 8   86

67 8   67

65 7   58

a) Ubica todos los resultados en la tabla de posición. Hazlo a través de un dibujo en el Paint.

2- Sustrae 3 a la suma de 85 y 7 y a la diferencia de 32 y 4

a) Descompón como suma de producto los resultados.

3-María y Sonia fueron a la juguetería. María tenía $ 25 y compró un juego de tazas de $8. Sonia tenía $31 y compró una pelota de $4.

a) ¿Cuánto dinero le queda a María?

b) ¿Cuánto dinero le queda a Sonia?

Control

Se realizará de forma individual por los puestos de trabajo otorgando una nota cualitativa a cada pregunta.

Formas de evaluación:

Se tendrán en cuenta los siguientes aspectos:

Grado de interacción y navegación por el software y demás programas.

Si todas fueron contestadas.

Calidad del trabajo final.

Grado de reflexión y coherencia del trabajo.

Recursos informáticos: Colección Multisaber. Software "La Feria de las Matemáticas". Primaria. Graficador Paint.

CONCLUSIONES DEL MATERIAL.

El material propuesto responde a la solución de una problemática relacionada con el uso del software, específicamente el empleo de las softareas por los docentes de la Educación Primaria.

Las softareas fueron elaboradas para el segundo grado, las mismas contribuirán a dar respuesta a los objetivos trazados para la educación de las nuevas generaciones en la enseñanza primaria, tiene potencial multiplicador y valor didáctico para los docentes, independientemente de que pueden modificarse las actividades en correspondencia con la creatividad de cada uno y las necesidades de los escolares.

Permite motivar y despertar el interés de todo el que lo estudie y desee ponerlo en práctica, ya que les permite ampliar sus conocimientos, profundizar, indagar y reflexionar acerca de una temática trascendental en la labor educacional.

BIBLIOGRAFÍA DEL MATERIAL.

COLECCIÓN Multisaber. Software La feria de las Matemáticas.

COLECTIVO DE AUTORES. La softarea. Una estrategia de aprendizaje para incentivar el trabajo con software educativos, 2007.

COLOMA R.O y SALAZAR S. M. ¿Cómo utilizar Software Educativo en la clase? Material para el curso preevento al Congreso Internacional Pedagogía 2005.

CHALA MENA, AURORA. La Softarea, forma en que puede usarse el software en el proceso docente- educativo Instituto Superior Pedagógico "Rafael María de Mendive" de Pinar del Río. E-mail: achala@isppr.rimed.cu Tomado de: Revista Mendive. Año 4 / No. 16 / julio - septiembre / 2006

DOIMEADIOS, MARÍA ISABEL... [et al]...La softarea: una Alternativa Para la Atención a la Diversidad en los Escolares Primarios. (II Taller Nacional de Atención a la Diversidad).__ Cienfuegos, (2008). 134 p.

MINED. Libro texto de Matemática 2to grado. Ed. Pueblo y Educación, La Habana, 2002.

MINED. Programa de Matemática. 2to grado. Ed. Pueblo y Educación, La Habana, 1999.

MINED. Orientaciones metodológicas 2to grado, Matemática. La Habana, 2001.

EPÍGRAFE #3 VALORACIÓN DE LOS RESULTADOS OBTENIDOS CON LA INTRODUCCIÓN EN LA PRÁCTICA DE LA PROPUESTA DE SOFTAREAS.

En este epígrafe se sintetizan los principales resultados obtenidos en la constatación inicial y final a partir de la experimentación sobre el terreno como método fundamental de la investigación. En él se exponen las acciones desarrolladas en cada etapa del método y se describe la situación inicial en cuanto a la aplicación de softareas en los escolares de segundo grado y la preparación de los docentes, mediante talleres metodológicos, según lo estipulado en la Resolución Ministerial 150/2010, para su tratamiento en la dirección del proceso de enseñanza, así como su transformación luego de haber sido aplicadas las mismas.

3.1- Etapas de la investigación

La investigación transitó por un grupo de etapas que determinaron el curso de la misma y posibilitaron la elaboración de las softareas propuestas que se recogen en el material docente. El período de aplicación de las mismas inició en el curso 2009-2010 y después de su implementación y corrección en la práctica, culminó en el curso 2010-2011, al concluir el estudio de la unidad # 1de Matemática en 2do grado.

A continuación se expresan de forma breve esas etapas:

Etapa 1. Constatación inicial

El estudio inicial del problema se efectúa en la Escuela Primaria "Carlos Manuel de Céspedes" en el aula de segundo grado. Inicia en el curso 2009–2010 en el que se valora la situación que poseen los escolares en cuanto a la realización de softareas, teniendo en cuenta la utilización de los softwares educativos como medio de enseñanza.

Se aplicaron diferentes instrumentos como la observación, encuestas y entrevistas y se pudo constatar que los docentes requieren mayor dominio de los contenidos que aparecen en los softwares educativos.

Estas valoraciones hicieron posible que se efectuara un estudio detallado de la situación real que poseen los escolares en el proceso de enseñanza-aprendizaje para realizar softareas con la utilización del software La feria de las Matemáticas y la preparación de los docentes para el tratamiento a esta temática.

El 50 % de la muestra dio respuestas positivas a los tópicos referidos a realizar con seguridad las softareas (6 de 12).El 41,6 % no tienen conocimiento de cómo realizar softareas (5 de 12). El 33,3 %(4 de 12) refiere que el software educativo puede ayudarlos a elevar el aprendizaje, el 25%(3 de 12) prefieren las softareas como un medio para mejorar su aprendizaje y solo el 50%(6 de 12) desean otros medios y el 50%(6 de 12) creen importante la utilización de los software y específicamente las softareas. Los escolares plantean que es importante desarrollar las actividades que traen los softwares, pero son pocas. Por lo que se obtiene como promedio el 50% de respuestas correctas.

En el **Anexo No.10** se recoge la comparación inicio y final teniendo en cuenta el logro de habilidades después de aplicada las softareas, en el mismo se puede observar que en el diagnóstico inicial a la hora de la actividad se muestran independientes (5) ya que son capaces de realizar las softareas sin la ayuda de la maestra para un 41,6%, casi siempre son capaces de trabajar independiente cuatro (4), pero con la ayuda de la maestra para un 33,3% y hay siete (3) escolares que a veces son capaces de realizar por sí solos las softareas aunque la maestra les de los niveles de ayuda, para un 25% ya que no se sienten motivados por la actividad que realizan.

Se muestran siempre creativos (2) escolares, para un 16,6%, pues tienen la capacidad de crear, aportan ideas a la maestra, que ayudan al desarrollo de la softareas, (8) escolares casi siempre se muestran creativos para un 66,6% porque algunas ejercicios no le resultan de su agrado y no lo realizan. A veces se muestran creativos (2) escolares para un 16,6%, estos niños en ocasiones aportan algunas ideas en las actividades.

Son capaces de buscar soluciones sin la ayuda de la maestra (3) escolares para un 25%, casi siempre buscan soluciones (7) escolares para un 58,3 % con la ayuda de la maestra y a veces buscan soluciones aunque la maestra les brinde ayuda (2) escolares para un 16,6%.

Siempre tienen habilidades informáticas al interactuar con el software La feria de las Matemáticas (4) escolares para un 33,3%, estos lo hacen sin la ayuda de la maestra. Casi siempre no logran interactuar con el software (2) escolares para un 16,6% pues en ocasiones piden varias explicaciones, a veces presentan dificultades (6) escolares para un 50%, pues aunque la maestra le brinda ayuda, se equivocaron a la hora de manipular el mouse y no seleccionan la respuesta correcta.

Siempre tienen conocimiento para desarrollar softareas (3) escolares para un 25%, estos lo hacen sin la ayuda de la maestra. Casi siempre no logran desarrollar softareas (6) escolares para un 50% pues en ocasiones piden varias explicaciones, a veces presentan dificultades (3) escolares para un 25%, pues aunque la maestra le brinda ayuda, se equivocaron a la hora de desarrollar las actividades de las softareas, manipular el mouse e interactuar con el software.

Estos resultados corroboran las insuficiencias declaradas en la presente investigación.

Para determinar en la práctica educativa el estado inicial de la preparación de los docentes y favorecer el desarrollo de softareas en el proceso de enseñanza aprendizaje de la Matemática, se declaran como indicadores:

• Conocimiento metodológico del desarrollo de Softareas.

• Preparación para atender las necesidades y demandas del escolar de segundo grado dirigidas a la realización de softareas en la dirección del proceso de enseñanza aprendizaje.

• Conocimientos de los principales problemas que ocasionan el bajo nivel de utilización de las softareas.

• Tratamiento que le brinda al desarrollo de softareas en la dirección del proceso de enseñanza aprendizaje.

• En esta etapa se interactuó con 3 docentes, 1 metodólogo integral, 1 director y 1 jefe de ciclo. En el curso de la investigación manifestaron la carencia de softareas para el tratamiento al proceso de enseñanza-aprendizaje de diferentes materias, el 100% de la muestra brindaron sugerencias para darle salida en clases a la realización de las mismas.

El total de la muestra hizo referencia a la falta de un material que recoja la orientación de cómo realizar softareas y que el trabajo con diferentes temáticas y asignaturas puede ser mejor y más novedoso para los escolares. Se comprobó además que los docentes no brindan atención para que los escolares, en este grado, aprendan a realizar softareas.

Etapa 2. Intercambios y visitas a clases.
En observaciones realizadas se pudo constatar que los docentes poseen buen dominio de los contenidos de las diferentes materias pero hacen poco uso de las nuevas tecnologías de la informática y en especial de la softarea para afianzar los conocimientos de los escolares.

En esta etapa se observaron un total de 12 clases donde se pudo constatar que en ellas prevalece el enfoque tradicionalista, donde el escolar es un agente pasivo, limitándose su protagonismo. Sólo en el 33,3 % (4) de las clases observadas el docente jerarquiza el tratamiento de softareas, priorizando la atención al libro de texto, donde los procedimientos que emplean los escolares para obtener información no van dirigidas a la utilización de los softwares educativos y softareas, en ellas se aplica la metodología tradicional para conocer el objetivo y no se hace uso de variadas actividades mediante los softwares como se espera con la introducción de la informática en la enseñanza.

En el 100% de las actividades observadas se comprobó que el medio de enseñanza fundamental en que se apoya el docente para el desarrollo de sus clases lo constituye el libro de texto, desaprovechando las potencialidades que brindan los medios informáticos.

De forma general se constató que las actividades planificadas por los docentes de segundo grado para dirigir el proceso de enseñanza aprendizaje de los ejercicios básicos de adición y sustracción con sobrepaso no contribuyen a garantizar la máxima productividad de cada escolar y el tratamiento efectivo de softareas, dedicando el desarrollo de sus clases, en gran medida, al vencimiento de lo que aparece en el libro de texto.

En los intercambios con los docentes, el director y la jefa de ciclo a través de entrevistas y encuesta estos coincidieron al exponer que los softwares educativos de Matemática propician la utilización y desarrollo de softareas para potenciar la enseñanza-aprendizaje de los ejercicios básicos de adición y sustracción con sobrepaso.

El 100 % de la muestra expresó que este componente sólo es utilizado en la etapa correspondiente a la ejercitación, reconocieron la importancia de iniciar el tratamiento de softareas desde las edades más tempranas, refiriéndose que es una de las formas de preparar al escolar para el aprendizaje independiente. El 100% de la muestra coincidió en la falta de preparación que reciben los docentes de segundo grado para el tratamiento de softareas y softwares educativos y las pocas actividades que dedican estos en sus sistemas de clases para el trabajo con softareas.

Etapa 3. Sistematización de los fundamentos metodológicos.
A partir de lo anterior se realiza un estudio bibliográfico para fundamentar el problema desde la teoría, presentándose en el epígrafe uno. En él se abordan conceptos, posiciones, procesos, estrategias, técnicas y elementos necesarios para el trabajo con softareas que sirvieron de sustento a la elaboración de las mismas. Esto permitió seguir una lógica investigativa y a la vez buscar los argumentos que sirvieran de base a las softareas, que luego se diseñarían en el epígrafe dos.

Etapa 4. Elaboración de la propuesta.
Se intercambió con docentes, 1 director y 1 jefa de ciclo que valoraron en su totalidad que necesitan otras actividades con diferentes enfoques a las que trae el software educativo "La feria de las Matemáticas" para poder mejorar el componente afectado en los escolares de segundo grado en la dirección del proceso de enseñanza-aprendizaje para realizar softarea haciendo de este un proceso desarrollador.

Se concibieron actividades para todas las softareas y su vinculación con contenidos de informática utilizando la revista Zunzún para la motivación, donde se le brinda prioridad a las preguntas abiertas.

Etapa 5. Aplicación en la práctica educativa del material docente y del programa de preparación metodológica.

Los escolares fueron convocados a ejecutar las softareas en tiempo de máquina.

Se realizaron coordinaciones con la maestra para realizar estudios independientes con las lecturas utilizadas en la motivación y se implementaron varias sesiones para desarrollar el llamado "El día del lector" y "El día de la Matemática" lo que resultó motivante para los escolares, los docentes y en especial para la autora de la investigación.

Viendo la participación activa de los escolares, se constató que es muy importante la utilización de vías que estimulen la búsqueda del conocimiento y que estos fueran capaces de observar, analizar, calcular, crear escribir y dibujar en cada una de las softareas.

Se desarrolló el programa de preparación a los docentes, para una correcta aplicación del material propuesto, mediante diferentes formas de trabajo metodológico, fueron concebidos talleres de reflexión y opinión crítica:

Taller metodológico # 1

Tema: Un acercamiento a la softarea como recurso didáctico para la enseñanza-aprendizaje.

Objetivo: Identificar las diferentes concepciones sobre el uso de las softareas en el proceso de enseñanza- aprendizaje de la computación.

Contenidos (sistemas de conocimientos)

- Principales concepciones teóricas sobre las softareas.
- Metodología para interactuar con la softarea.

Desarrollo:

Se comenzará explicando a los docentes la importancia de las softareas con el uso del software educativo para reafirmar los contenidos de diferentes asignaturas, luego se dará a conocer la metodología para el desarrollo de las mismas. Se realiza la demostración en el laboratorio mediante la interacción del profesor de computación y los escolares. Los docentes observarán cómo transcurre la actividad.

Pasos a seguir:

Se orienta a los escolares el trabajo en equipos donde van a poner en práctica el conocimiento de las concepciones acerca del uso de las softareas. Deberán interactuar de forma cooperada con el software indicado.

- Entra al software por Inicio, todos los Programas, Colección Multisaber La feria de las Matemáticas o también por acceso directo en el escritorio.
- Debes identificarte poniendo tu nombre, grado y grupo.
- Acceda dando clic en menú Inicio.
- Todos los Programas accesorio y Paint.

Como última actividad cada equipo deberá resolver las softareas orientadas por el docente, el mismo la evaluará por los puestos de trabajo otorgando una nota cualitativa a cada pregunta.

Se culmina con los escolares y se procede al debate de la actividad. Se sugiere en este momento la concepción dada por Rabelo, en Informática 2007, donde define la Softarea como un sistema de actividades de aprendizaje, organizado de acuerdo con objetivos específicos, cuya esencia consiste en la interacción con softwares educativos, que tiene como finalidad dirigir y orientar a los escolares en los procesos de asimilación de los contenidos a través de mecanismos de búsqueda, selección, creación, conservación y procesamiento interactivo de la información".

Taller metodológico # 2

Tema: La softarea en el proceso de enseñanza aprendizaje.

Objetivo: Demostrar cómo hacer productiva una softarea logrando que cada niño realice el mayor número de estas en cada clase.

Contenidos (sistemas de conocimientos)

- Niveles de realización del trabajo con softareas.
- Las softareas como parte fundamental del proceso de enseñanza aprendizaje.

- Modelación de softareas educativas para estimular los diferentes momentos en el proceso de enseñanza aprendizaje.

Desarrollo:

Demostrar los pasos para desarrollar softareas.

Fase de orientación.

Introducción.

Formulación de la tarea.

Orientación.

Forma de evaluación.

Bibliografía.

Después de analizada la estructura de la softarea se modela mediante un ejemplo.

Módulo: Cálculo.

Tema: El número mágico.

Objetivo: Resolver ejercicios básicos de adición y sustracción en ejercicios con texto y problemas calculando con rapidez y seguridad.

Introducción

Comenzar leyendo una lectura escogida del Zunzún #174 Página 12.

El número 5 ¿es mágico? Veamos. Piensa en un número entre el 1 y el 20, adiciónale 10, al número que pensaste sustráele 20. Da 5, ¿verdad?

a) Forma y resuelve igualdades de adición y sustracción con los números dados.

Te invito a demostrar lo que sabes mediante los ejercicios que te brinda el software "La Feria de las Matemáticas".

Orientación: para buscar los ejercicios, acceda a la Colección Multisaber, el software educativo "La Feria de las Matemáticas" en el módulo "Cálculo"

Formulación de la tarea:

1-La diferencia es 61, el sustraendo es el antecesor de 7 ¿Cuál es el minuendo?

a) Descompón como suma de producto el resultado.

b) Escribe su numeral y ubícalo en la tabla de posición.

2-Un plomero trajo un tubo de 67cm de largo .Para realizar su trabajo cortó un pedazo de 8cm de largo. ¿Qué largo tiene el tubo?

3- En un grupo de segundo grado 8 escolares realizan la lectura en el zunzún, 4 en el libro de texto y 10 forran sus libretas ¿Cuántos escolares realizan la lectura?

4- Elabora un problema de adición teniendo en cuenta los siguientes datos.
En un trabajo voluntario participaron 27 escolares de 2do A y 9 de 2do B.
a) Busca la herramienta texto en el graficador Paint. Escribe el problema elaborado.

Control
Se realizará de forma individual por los puestos de trabajo otorgando una nota cualitativa a cada pregunta.
Formas de evaluación:
Se tendrán en cuenta los siguientes aspectos:
Grado de interacción y navegación por el software y demás programas.
Si todas fueron contestadas.
Calidad del trabajo final.
Grado de reflexión y coherencia del trabajo.
Recursos informáticos: Colección Multisaber. Software "La Feria de las Matemáticas". Primaria. Graficador Paint.

Invitar a los maestros a realizar la valoración de la actividad y se les propone la elaboración de una nueva softarea que permita cumplir con el objetivo propuesto.
Se ofrecen sugerencias oportunas y se muestran las softareas creadas dentro del presente material sobre la interacción con el software y se debate sobre el resultado obtenido como parte de su preparación.

Taller metodológico # 3

Tema: Evaluación de la puesta en práctica de las softareas desarrolladas.

Objetivo: Valorar la factibilidad, utilidad y pertinencia de las softareas después de su aplicación teniendo en cuenta las particularidades del grupo escolar.

Contenidos:

• Recepcionar los criterios de los docentes acerca de los resultados de la puesta en práctica de las softareas.

• Reelaboración de las softareas y análisis de las sugerencias.

Desarrollo.

• Trabajo en equipos para la elaboración de las sugerencias.

En el **momento inicial**

• Se presenta el tema, los objetivos y se explican cómo proceder en el segundo momento o desarrollo del mismo.

En el **segundo momento**

• Los equipos someten a criterio colectivo su informe y realizan los ajustes necesarios

Conclusiones del taller

• En este taller el ciento por ciento de los participantes aprueban las conclusiones del presente material.

En varias ocasiones los docentes solicitaron el material elaborado y la explicación oportuna para relacionar sus temáticas con la computación.

Etapa 6. Constatación final.

Para constatar el desarrollo que habían alcanzado los escolares, se realizaron observaciones a las actividades aplicando y utilizando los mismos instrumentos del diagnóstico inicial y se comprobó que 10 escolares se muestran independientes para un 83,3%, ya que las softareas los motivaron más, 2 escolares no se muestran independientes, lo que representa un 16,6%, a veces recibieron el apoyo de lo adultos y de los mismos niños.

De igual manera se observó resultados en el 2do indicador, 10 escolares son capaces de crear, para el 83,3% de la muestra; 2 para un 16,6% no se muestran creativos recibiendo ayuda de la maestra.

Buscan soluciones sin ayuda de la maestra 8 escolares para un 66,6%; casi siempre buscan soluciones 2 para un 16,6%, con la ayuda de los adultos y de otros niños y a veces buscan soluciones aunque la maestra le brinde ayuda 2 para un 16,6%.

En cuanto al indicador de habilidades informáticas al interactuar con el software La feria de las Matemáticas, 10 para un 83,3% lo hacen siempre sin ayuda de la maestra, 2 para un 16,6% lo hacen casi siempre.

En el desarrollo de softareas, 9 lo hacen siempre para un 75%; 3 para un 25% lo hacen casi siempre, pues les gusta la vinculación de los ejercicios con los softwares educativos.

De esta forma la autora comprueba la efectividad de las softareas aplicadas para la contribución a favorecer la memorización de los ejercicios básicos de adición y sustracción con sobrepaso en los escolares que constituyeron la muestra, manifestada en la obtención de resultados satisfactorios.

Quedó demostrado que el éxito de las softareas propuestas depende de la preparación que tenga el docente para el tratamiento al desarrollo de estas en la dirección del proceso de enseñanza-aprendizaje. Los directivos y docentes avalaron, con sus experiencias pedagógicas, que las softareas propuestas garantizan el éxito con vista a hacer más efectiva el tratamiento de software educativos y específicamente el desarrollo de softareas desde las edades tempranas elevando la calidad de la dirección del proceso de enseñanza aprendizaje.

La aplicación del material docente constituye un medio eficaz para alcanzar niveles superiores en el desarrollo de softareas en la dirección del proceso de enseñanza-aprendizaje. Permitió determinar su factibilidad en la dirección del aprendizaje del escolar y en la preparación metodológica de los docentes.

3.2- Resultados de la aplicación práctica del material docente dirigido a la elaboración de softareas.

El 100% de los escolares muestreados trabajan organizados de diferentes formas (dúos, tríos y equipos) manifestando una conducta aceptable de cooperación y socialización de las ideas, se observa una mayor participación en las clases, los escolares defienden sus criterios con juicios valorativos, han mejorado la memorización de los ejercicios básicos de adición y sustracción con sobrepaso demostrando seguridad en lo que expresan. Los resultados de las comprobaciones de conocimientos son superiores.

El 83,3% de la muestra dio respuestas positivas a los tópicos referidos a realizar con seguridad las softareas (10 de 12). El 75 % tienen conocimiento de cómo realizar softareas (9 de 12). El 91,6 %(11 de 12) refiere que el software educativo puede ayudarlos a elevar el aprendizaje de los ejercicios básicos de adición y sustracción con sobrepaso, el 66,6% (8 de 12) prefieren las softareas como un medio para mejorar su aprendizaje y solo el 25% (3 de 12) desean otros medios. El 83,3% (10 de 12) creen importante la utilización de los softwares y específicamente las softareas. Los escolares plantean que es importante desarrollar actividades que no traen los softwares ya que en ocasiones son pocas y con el mismo enfoque, obteniéndose como promedio el 100% de respuestas correcta.

De forma general se llegó a la conclusión que los escolares manifestaron nuevo interés por las softareas y la atención a sus intereses personales y colectivos en la memorización de los ejercicios básicos de adición y sustracción con sobrepaso.

Al ser valorada la propuesta por parte de los especialistas consultados, estos consideran como positiva la misma, dando su aprobación en cuanto a la implementación del material docente, y al quedar demostrado que los estudios realizados en cuanto al tema no son suficientes y que los conocimientos recibidos hasta el momento están en la necesidad de ser enriquecidos con estudios de fuentes que aporten a los conocimientos tanto en la teoría como en la práctica, el material de estudio fue en su mayoría catalogado de muy adecuado o adecuado por lo que consideraron que este es pertinente.

Los especialistas consultados recomendaron en su mayoría continuar profundizando en el tema, que puede ser extensivo a otros grados adaptándolas a sus exigencias y objetivos para lograr el aprendizaje desarrollador.

De manera general los escolares lograron:

- Aumento gradual de la necesidad y la motivación por el desarrollo de softareas.
- Desarrollo de habilidades para trabajar con variadas softareas.
- Participación conciente en clases y la realización de valoraciones críticas de sus ideas.
- Trabajo en equipos, socialización de ideas respetando el criterio de cada compañero al realizar softareas.
- Lograron mayor motivación para desarrollar softareas que le ayudaron en la enseñanza aprendizaje de la computación.

Resultados de los docentes:

Los docentes seleccionados evidenciaron notables transformaciones una vez que se les preparó a través de talleres y clases metodológicas instructivas en las preparaciones metodológica, preparación de asignaturas y colectivos de ciclo) con el objetivo de elevar su preparación para concebir el tratamiento al desarrollo de softareas en la dirección del proceso de enseñanza-aprendizaje, para contribuir a un aprendizaje desarrollador, es bueno destacar que el desarrollo que fueron logrando en el conocimiento dirigido hacia los fundamentos teóricos y metodológicos relacionados con este componente revelan una mayor calidad en la planificación de las clases. Mediante talleres y clases demostrativas se preparó al docente para lograr una buena elaboración de softareas y llevarlas a la práctica con todos los requisitos necesarios para que el escolar logre vencer el objetivo. (Ver anexo 11)

El 100% de la muestra manifiesta sentirse preparado y le conceden gran importancia al trabajo con softareas. Manifiestan además que las actividades metodológicas desarrolladas contribuyen a lograr estos objetivos.

El 100% de los directivos y metodólogos son del criterio que están preparados para el desarrollo de actividades metodológicas dirigidas a la preparación de los docentes para el tratamiento al desarrollo de softareas y utilización de softwares en la dirección del proceso de enseñanza- aprendizaje de los ejercicios básicos de adición y sustracción con sobrepaso.

En el 95% de las clases observadas los docentes utilizan diferentes tipos de softareas teniendo en cuenta el diagnóstico de sus escolares para la aplicación de las mismas.

Los resultados de la constatación señalan que las softareas elaboradas propician potenciar en los escolares el trabajo con softwares, demostrando los conocimientos de computación con las diferentes asignaturas desde las edades tempranas.

CONCLUSIONES

- El diagnóstico realizado demostró que existen insuficiencias en el dominio que poseen los docentes sobre los programas informáticos que se trabajan en el segundo grado de la educación primaria, lo que afecta el desarrollo integral de los escolares de este grado.
- Con la elaboración de las softareas para la Enseñanza Primaria se ha obtenido un importante medio para favorecer el aprendizaje de los ejercicios básicos de adición y sustracción con sobrepaso, que contribuye a disminuir considerablemente las insuficiencias que se presentan en el uso del software educativo, además constituye una fuente para la preparación de los docentes, sirviéndole como guía para impartir clases desarrolladoras.
- La experimentación sobre el terreno como método permitió que los resultados obtenidos evidenciaran su pertinencia y factibilidad para ser implementados en la práctica.

RECOMENDACIONES

El presente trabajo deja abierto otros puntos en la preparación de los docentes: Generalizar el sistema de softareas diseñadas y su forma de aplicación a otras aulas de segundo grado del municipio, con el fin de multiplicar sus resultados y continuar su perfeccionamiento.

Ampliar el estudio de los diferentes softwares que ofrece la computación para la elaboración de nuevas softareas que permitan relacionar esa asignatura con el resto de las materias del currículo.

Profundizar en el estudio teórico de este tema para ampliar la bibliografía referente al mismo con el objetivo de que sea consultada por los docentes que imparten este contenido.

REFERENCIAS BIBLIOGRÁFICAS.

1- José de la Luz y Caballero. Elencos y Discursos Académicos, P. 442.

2- José Martí Pérez, Obras Completas. La Habana: Ed. Nacional de Cuba, 1963.

3- César Labañino Rizzo... [et al]... El Software Educativo en el contexto de la escuela cubana._La Habana: Editorial Educación Cubana. (2007). P. 57

4- César A. Labañino Rizzo – Mario Toro Rodríguez / Multimedia para la educación- Ludosoft 2002. P.81

5- Begoña Gros, / El software educativo. 2000. P15

6- RABELO V., O... [et al]...La softarea: una estrategia de aprendizaje para incentivar el trabajo con Software Educativo. Disponible en HYPERLINK "http://www.ilustrados.com/" http://www.ilustrados.com (2007).

7- César A. Labañino Rizzo – Mario Toro Rodríguez / Multimedia para la educación- Ludosoft 2002. P.32

8- CD "Un software para un software", MINED, 2005.

BIBLIOGRAFÍA

AGUILAR, J Y DÍAZ, F. (1998). Experiencias en computación Aplicada con   fines Educativos. Revista Tecnología y Comunicación Educativa no 9 México.

ALBARRÁN PEDROSO, JUANA V. --------------------------------- ¿Cómo realizar el tratamiento de los procedimientos escritos de la adición, sustracción y multiplicación de los números naturales?   Editorial Pueblo y Educación, La Habana, Cuba, 2007.

ALBARRÁN PEDROSO, JUANA V. --------------------------------- ¿Cómo realizar el tratamiento del procedimiento escrito de la división de los números naturales? Editorial Pueblo y Educación, La Habana, Cuba, 2007.

BALLESTER PEDROSO, SERGIO Y OTROS (1992) Metodología de la enseñanza de la Matemática. Tomo Pueblo y Educación. Ciudad de la Habana.

BARTOLOMÉ, A. (1992) Aplicación de la informática en la enseñanza. En las nuevas tecnologías de la información en la educación. Eds. Juan de Paidos y Carlos. Gortari. Ed. Alfar. Madrid, España.

BERMÚDEZ SARGUERA, ROGELIO. Teoría y metodología del aprendizaje /Rogelio Bermúdez Sarguera, Marisela Rodríguez Rebustillo. -- La Habana: Ed. Pueblo y Educación, 1996. —189 p.

BERMÚDEZ MORRIS, R. Creatividad y aprendizaje. En Revista.__ Educación, N. 112, mayo–agosto, 2004, p 36–43. .__La Habana, 2004. —87 p.

BRUZÓN, M. Método para la utilización del enfoque sistémico estructural sobre el proceso de investigación de los conocimientos de los estudiantes. – soporte magnético. - - Impresión ligera, ISP Enrique José Varona, Ciudad de la Habana, 1984

COLECTIVO DE AUTORES. (2004). Software Educativos para las educaciones Primaria y Especial. Editorial Pueblo y Educación.

COLECTIVO DE AUTORES: Elementos de informática básica... Editorial Pueblo y Educación...2002, p7.

COLECTIVO DE AUTORES: Informática educativa.

COLECTIVO DE AUTORES. Para ti maestro. Ed. Pueblo y Educación, La Habana, 2005.

DÍAZ FERNÁNDEZ, GEORGINA. Concepción teórico-metodológica para el uso de la computadora en el proceso de enseñanza aprendizaje de la educación primaria 2006 p10 18p Tesis en Opción al grado científico de Doctor en Ciencias Pedagógicas, ISPEJV, La Habana, 2006

EXPÓSITO, R. CARLOS. Colectivo de Autores: Algunos Elementos de Metodología de la Enseñanza de la Informática._La Habana: Editorial Pueblo y Educación, 2000.

EXPÓSITO, R. CARLOS. Colectivo de Autores: Elementos de Informática Básica._ La Habana: Editorial Pueblo y Educación, 2000.

EXPÓSITO RICARDO, CARLOS. Texto de la metodología para la enseñanza de la Computación.

EXPÓSITO RICARDO, CARLOS... [et al]... La softarea como actividad con el uso de medios informáticos en las condiciones actuales de la escuela cubana. (2004).

GEISSLER, OSTR Y OTROS. Metodología de la enseñanza de la Matemática de 1ro a 4to grado/ primera parte. Editorial Pueblo y Educación, Ciudad de La Habana, 1978.

GEISSLER, OSTR Y OTROS ----------------------------. Metodología de la Enseñanza de la Matemática de 1ro a 4to grado/ segunda parte. Editorial Pueblo y Educación, La

GENER NAVARRO, ENRIQUE J. Temas de Informática Básica.

GUIRAO HERNÁNDEZ, PEDRO. Diccionario de la informática. La Habana: Edición revolucionaria 1986.

HIDALGO OBERTO, MARIA... [et al]...l software Educativo como medio de Enseñanza. Evento Internacional Pedagogía 2005 (Curso Preevento)._La Habana, (2005).

HURTADO C., F. J... [et al]...Introducción de las Tecnologías de la Información y las Comunicaciones en la escuela y su impacto en el aprendizaje de los estudiantes.: Editorial Educación Cubana. La Habana, 2007.

HURTADO, F. J... [et al]...El uso del Software Educativo en la escuela cubana y su impacto en el aprendizaje de los estudiantes. Material de Curso Precongreso para el evento internacional Pedagogía 2009, en proceso de edición por la Editorial Educación Cubana._ Ciudad de La Habana, 2008.

LABAÑINO R... [et al]... El Software Educativo en el contexto de la escuela cubana_La Habana: Editorial Educación Cubana. (2007).

LABAÑINO RIZZO, CESAR A. Multimedia para la educación.2001

MARQUÉS GRAELLS, PÉREZ. "El software educativo". Comunicación Educativa y Nuevas Tecnologías, (1996) p: 119-144. Barcelona: Praxis.

MARQUÉS GRAELLS, PÉREZ. "Ficha de evaluación y clasificación de software educativo. Novática, n 90, Vol. XVII, (1991) p. 29-3

MERIÑO IBARRA, ABEL. El laboratorio de Informática. Caracterización y principales funciones 2005.---- 4p

MARQUÉS GRAELLS, PÉREZ. "Nuevos instrumentos para la evaluación de multimedia para la Educación" de Rizo Cañizares, (2000).

MINED. VII Seminario Nacional para educadores. Ed. Pueblo y Educación, La Habana, 2006.

MINED. VIII Seminario Nacional para educadores. Ed. Pueblo y Educación, La Habana, 2007.

MINED. VII Seminario Nacional de preparación del curso escolar 2009-2010. Ciudad de La Habana, 2009.

MINISTERIO DE EDUCACIÓN. Orientaciones Metodológicas de Segundo Grado. Tomo 2. Editorial Pueblo y Educación. Cuba, La Habana, 1989.

MINISTERIO DE EDUCACIÓN. Programa de Segundo Grado Editorial Pueblo y Educación. Cuba, La Habana 1989.

MINISTERIO DE EDUCACIÓN. Libro de texto de Matemática Segundo Grado. Editorial Pueblo y Educación. Cuba, La Habana, 1989.

NOCEDO DE LEÓN, I. y coautores. Metodología de la investigación educacional. I y II parte. Ed. Pueblo y Educación, La Habana, 2001.

PÉREZ F., V... [et al.]. Folleto del curso Informática Educativa. Materia de la

Maestría de amplio acceso en CD). IPLAC. La Habana.2005.

PÉREZ MARQUÉS, La softarea, una actividad integradora.

PÉREZ T., A. Presente y Futuro de las Tecnologías de la Información y las Comunicaciones. (Curso Preevento Pedagogía 2007).__ Holguín, 2007.

PÉREZ, FERNÁNDEZ VICENTA. Folleto del Curso Informática Educativa, 2000.

PROENZA GARRIDO, YOLANDA Y LEYVA LEYVA, LUIS M. El aprendizaje y el pensamiento matemático en la Educación Infantil. Curso del evento nacional sobre la enseñanza de las Ciencias Exactas. Instituto Superior Pedagógico José de la Luz y Caballero. Holguín, 2007

RABELO V., O... [et al]...La softarea: una estrategia de aprendizaje para incentivar el trabajo con Software Educativo. Disponible en HYPERLINK "http://www.ilustrados.com/" http://www.ilustrados.com (2007).

REYES LOMBILLO, LÁZARO J. Manual Básico de computación/ Lázaro J. Reyes Lombillo. . [et. al] Ed. Pueblo y Educación. Ciudad de la Habana 1997.

RODRIGUEZ R., L. y NIETO A., L. El Software Educativo en el cambio de la educación del siglo XXI. ¿Tránsito hacia un nuevo paradigma? Material digital. Villa Clara, (2008).

RODRÍGUEZ LAMAS, RAÚL Y OTROS. Introducción a la informática Educativa.

RODRÍGUEZ R, L. Software Educativo. Hacia una nueva pedagogía basada en las TIC. Villa Clara, (2007). Disponible en http://revistavarela vcl.rimed cu/artículos/rv1801.pdf

RODRÍGUEZ LAMA, RAÚL. Colectivo de autores. Introducción a la Informática Educativa. Editorial Pueblo y Educación. 2000.

_____ Modelo didáctico para el empleo del software educativo en la clase. IX Congreso Internacional de informática en la Educación. —La Habana. 1999.

RICO, Pilar. La zona de desarrollo próximo. Ed. Pueblo y Educación, La Habana, 2002.

RICO, P. y otros. Hacia el perfeccionamiento de la escuela primaria. Ed. Pueblo y Educación, La Habana, 2000.

RICO, P., SANTOS E.M. Y MARTÍN-VIAÑA, V. Algunas exigencias para el desarrollo de la evaluación del proceso de enseñanza –aprendizaje en la escuela cubana actual. Cartas al maestro. Ed. Pueblo y Educación, La Habana, 2005.

SELLES BÁEZ, ZOILA ELVIRA. Softareas para consolidar los contenidos de la unidad cuatro del programa de ciencias naturales en los escolares de quinto grado. Holguín, 2009.

SEMINARIO NACIONAL PARA EDUCADORES IX__.La Habana: Editorial Pueblo y Educación. MINED. 2009.

SEMINARIO NACIONAL PARA EDUCADORES VI.__La Habana: Editorial Pueblo y Educación. MINED. 2005.

SILVESTRE ORAMAS MARGARITA y ZILBERSTEIN TORUNCHA JOSE:.Cómo hacer más eficiente el aprendizaje. Ediciones CEIDE, México 2000.

SILVESTRE ORAMAS MARGARITA y ZILBERSTEIN TORUNCHA JOSE: Enseñanza y aprendizaje desarrollador. Ediciones. CEIDE. México 2000.

SILVESTRE ORAMAS MARGARITA y ZILBERSTEIN TORUNCHA JOSE: Hacia una didáctica desarrolladora. Ed. Pueblo y Educación, La Habana, 2002.

VITIER, C., Cuadernos martianos II. Ed. Pueblo y Educación, La Habana, 1996.

_____. Cuadernos martianos III. Ed. Pueblo y Educación, La Habana, 1996.

Anexo # 1

Guía de observación a clases y actividades prácticas relacionadas con la utilización de las softareas.

Objetivo: Comprobar la orientación del trabajo con softareas, desde el uso de los recursos informáticos por los docentes.

Determinar el estado de conocimientos que poseen los docentes y los escolares sobre la realización de softareas.

Determinar el nivel de motivación de los escolares para interactuar con softareas.

Indicadores de la observación:

1- Dominio de objetivos y contenidos de Computación.

Aspectos

a)- Conocimiento de la metodología para el desarrollo de softareas y la utilización de softwares educativos.

 b)- Utilización de diferentes tipos de softareas.

Escala a utilizar: Alto, Medio, Bajo (para cada incisos)

2- Diseño de actividades para el logro de los objetivos de la softareas.

a)- Diferentes tipos de órdenes en la realización de softareas.

b)-Organización de las softareas individuales y colectivas.

c)- Grado de aceptación ante las softareas orientadas.

Escala: Bueno, Regular, Malo.

Valoración general de la actividad: B____, R___, M___.

Anexo # 2

Guía de entrevista grupal a docentes.

Objetivo: Obtener información acerca de la realización de softareas utilizando el software educativo para favorecer la enseñanza - aprendizaje.

-Determinar el grado de aceptación de un documento que aporte softareas utilizando el software educativo para favorecer la enseñanza -aprendizaje.

Docentes participantes_____   Grados_____

Compañeros docentes:

Se necesita que colaboren con el propósito de esta investigación, aportando su experiencia en las respuestas a las siguientes preguntas.

Muchas gracias por su colaboración.

Cuestionario.

1- ¿Qué factores inciden en que existan dificultades en la realización de softarea?

2- ¿Qué metodología utilizas para favorecer la enseñanza de softareas?

3- ¿Consideras que los softwares educativos te facilitan el trabajo con las softareas? ¿De qué manera?

4- ¿Cómo utilizar el software educativo para realizar softareas?

5- ¿Cómo elaborar una softarea para dirigir el trabajo del escolar con el software educativo?

6- Demuestra ejemplos de softareas para darle salida a los contenidos de diferentes asignaturas.

7- ¿Consideras que se logra en los escolares mayor motivación hacia el aprendizaje a través de las softareas? ¿Por qué?

Anexo # 3

Guía de entrevista a la jefa de ciclo y metodólogo.

Objetivo: Valorar los métodos empleados por los docentes para realizar softareas.

Obtener información para enriquecer vías en la aplicación del manual en clases.

Nombre:

Cargo que ocupa:

Años de experiencia:

Compañeros:

Su ayuda será valiosa en la presente investigación.

Debe responder las preguntas y aportar sus conocimientos respondiendo lo siguiente:

Cuestionario.

1- Cuando se trabaja con software y softareas en el segundo grado cuáles son las dificultades que presentan.

a) __ Navegación por el software.   b) __Desarrollo de softarea.

c) __ Habilidades para realizar softarea.

2- ¿Cuáles serán las causas que propician la existencia de estas dificultades?

3-¿Cuál es su opinión sobre la forma y los métodos con que los docentes imparten el contenido relacionado con las softareas e interacción con software? Valore al respecto.

4-¿Qué sugerencias ofrece para mejorar las habilidades para interactuar con software y realizar softarea?

5-¿Cómo emplearía un material que contenga softareas?

Anexo # 4

Entrevista a escolares de segundo grado.

El objetivo es saber qué conocen los escolares acerca de la realización de softareas utilizando para ello el software como un medio para elevar la calidad del aprendizaje.

Queridos escolares se necesita que les den respuestas a las interrogantes siguientes para saber si tendrá importancia el uso de la computadora en el aprendizaje.

1. ¿Te sientes cómodo y seguro al interactuar con software y al realizar softareas?

___si   ___no

2. ¿Crees que el software educativo puede ayudarte a realizar softareas?

3. Menciona el software que más utilizas.

4. Tu maestra utiliza la computadora para que tú realices softareas.

___ Lo hace con frecuencia.

___ Pocas veces.

___ O muy pocas veces.

Anexo # 5

Encuesta a docentes.

Compañeros docentes, se está realizando una investigación científica como complemento de un estudio de Maestría en Ciencias de la Educación, relacionada con el uso del software educativo y el desarrollo de softareas por lo que le ruego a ustedes su cooperación e interés para responder estas preguntas.

Reciban de ante mano muchas gracias por su colaboración.

1. ¿Qué medios de enseñanza utilizas para impartir a tus escolares el contenido referente a las softareas?

__Libro de texto. __ si ___ no __ a veces

__ Pizarra. __ si ___ no __ a veces

__ Televisión y video. __ si __ no __ a veces

__ Computadora __ si __ no __ a veces

__ Softareas __ si __ no __ a veces.

__ Otros. ¿Cuáles?

2. ¿Consideras que el software educativo te facilita el trabajo con la softarea?

__ si __ no ¿Por qué?

4. ¿Utilizas en tus clases el software educativo para favorecer el aprendizaje?

__ si __ no. En caso positivo

¿Cuál de ellos?

__ La Feria de las Matemáticas. __ El país de los números

__ Problemas Matemáticos I

3. ¿Orientas softareas a tus escolares?

__ si __ no

Escribe los elementos que debe contener una softarea.

Anexo # 6

Encuesta a los escolares de segundo grado.

Queridos escolares, se necesita tu colaboración para este trabajo que persigue como objetivo que cada día aprendas más en tu escuela. Lee con cuidado las siguientes preguntas y responde marcando con una x la respuesta que tu consideres que corresponda según tu experiencia en el aula.

1. ¿De estos software educativos cuáles tu maestro utiliza?

___ El país de los números.

___ La Feria de las Matemáticas.

___ Problemas Matemáticos.

2. ¿Dónde usan el software educativo?

___ En la tarea.

___ En la clase de Computación.

___ En tiempo de máquina.

___ En la clase de Matemática.

___ En otras asignaturas.

3. ¿Te gusta realizar softarea?

___ Si   ___ No

Anexo # 7

Comprobación de conocimiento antes de aplicar las softareas.

Objetivo: Explorar el nivel de enseñanza-aprendizaje al interactuar con software y desarrollar softarea.

Desarrollo.

Se escoge una softarea y se lleva a la práctica para observar los siguientes contenidos.

- El escolar busca el software e interactúa de forma independiente.

- El escolar tiene habilidades para realizar diferentes actividades de una softarea.

- Reconoce la softarea y se manifiesta familiar con ella.

Anexo # 8

Guía de observación al docente en el desarrollo de las actividades de Computación donde se interactúe con software y se desarrollen softareas.

Objetivo: Comprobar la preparación que poseen los docentes para impartir las actividades de Computación donde se interactúe con software y se desarrollen softareas utilizando contenidos de Matemática.

Indicadores...

➢ Dominio que posee la maestra de los contenidos.

➢ Métodos, procedimiento y medios de enseñanza que utilizan.

➢ Desarrollo de las softareas.

➢ Interacción con el software La feria de las Matemáticas.

Categoría para evaluar las actividades observadas.

Bien: Cuando la maestra posee dominio del contenido y utiliza correctamente los métodos y procedimientos y los escolares realizan las softareas sin ayuda.

Regular: Cuando la maestra presenta dificultad al impartir los contenidos y los niños realizan las softareas con ayuda de la maestra.

Mal: Cuando la maestra no tiene preparación ni dominio del contenido y les presta a los escolares todos los niveles de ayuda.

Anexo # 9

Guía de observación a las actividades de computación donde se interactúe con software y se desarrollen softareas.

Objetivo: Comprobar el nivel de conocimiento que poseen al interactuar con software y softareas.

Indicadores a valorar:

1)- Si los escolares se muestran independientes

Siempre_____Casi siempre_____A veces_____

2)- Si se muestran creativos

Siempre_____Casi siempre_____A veces_____

3)- Si buscan soluciones

Siempre_____Casi siempre_____A veces_____

4)- Si tienen habilidades informáticas al interactuar con el software.

Siempre_____Casi siempre_____A veces_____

5)- Si tienen conocimiento para desarrollar una softarea.

Siempre_____Casi siempre_____A veces_____

Anexo # 10

Comparación inicio y final dimensión: logro de habilidades.

INDICADORES	Constatación Inicial %	Constatación Final %
Se muestran independientes	41,6	83,3
Se muestran creativos	16,6	83,3
Buscan soluciones	25	66,6
Habilidades informáticas al interactuar con el software	33,3	83,3
Desarrollan softareas	25	75

Anexo # 11

Clase metodológica instructiva

Objetivo: Demostrar la estructura para elaborar Softareas.

Conversación: Para referenciar a la **tarea docente** con **software educativo** se ha utilizado en los últimos tiempos el término **softarea**.

Concepto

Softarea: profunda actividad motivacional y creativa, que permite a los escolares interactuar mediante diferentes aplicaciones informáticas la localización, navegación, extracción, desde el software educativo, el mismo tiene como finalidad dirigir y orientar a los escolares en los procesos de asimilación de los contenidos a través de los mecanismos de búsqueda, selección, creación, conservación y procesamiento interactivo de la información.

Estructura de la softarea

Fase de orientación.

El docente podrá presentar la Softarea utilizando diversas vías según sus posibilidades (de forma oral, impresa como una hoja de trabajo, a través de un documento Word que sea colocada en la carpeta perteneciente a su grupo en las computadoras del laboratorio de la escuela). Utilizar el software educativo como mediador del aprendizaje desarrollador y como vía de solución de las tareas planificadas.

Introducción.

Motivación y planteamiento de los objetivos de la tarea.

Formulación de la tarea.

Planteamiento de los ejercicios o preguntas a solucionar.

Orientación.

Cómo proceder para darle solución a la tarea, los recursos informáticos que puede utilizar, la forma de organización (individual o grupal) y tiempo de ejecución según la complejidad de la tarea (corto, mediano o largo plazo).

Además se debe precisar si los escolares harán una exposición oral de la tarea o colocarán sus trabajos en la carpeta que le pertenece a su grupo en las computadoras.

Forma de evaluación.

Se comunica de forma breve los indicadores que se tendrán en cuenta en la calificación.

Bibliografía.

Se debe precisar el software a utilizar y si pueden hacer uso de alguna fuente bibliografía que se encuentra en la biblioteca de la escuela o que esté al alcance de los escolares como el Libro de texto.